日本の近代化を支えた文化外交の軌跡

脱亜入欧からクール・ジャパンまで

髙橋 豊
Yutaka Takahashi

The evolution of cultural diplomacy that supported the modernization of Japan

福村出版

目次

序章　何故、文化外交は重要なのか

はじめに

日本は、満州国が承認されなかった等の理由から、国際連盟を1933年に脱退したが、国際的に孤立するのを回避するため、日本をとりまく国際関係を円滑にする方策を講ずることが必要になった。そこで、「文化外交」の名のもとに新たな外交を模索しはじめたが[1]、当時の日本が置かれた情況を見ると、政府にとって満州国を朝鮮や台湾と同列に置いた地域的な共同体を形成することは、現実的な解決策ではなかった。それにもかかわらず、当時の外務省が、あえて文化外交という言葉を使ったのは、文化政策を重視する外交を日本がめざしていることを強調せんとしたものであろう。

このことからも看取できるように、日本における文化外交の先行研究は、外交史の分野よりも、主として国際関係論の分野で、「文化に関わる国際関係」として研究されてきた[2]。川村陶子によれば、この分野の研究は、国際関係を社会学的に分析する「国際社会学」と国際交流や文化的な国際関係に注目した「国際文化論」の2つの流れがあるという[3]が、今後、文化外交が日本の外交政策の基軸になれば、研究は、こうした国際関係論だけでなく、外交史の分野からも取り上げられるであろう。

ところで、国際関係を論じる場合、軍事力や経済力等のハード・パワーに焦点を置いた議論が多いが、近年、国際関係を円滑にするためにはハード・パワーとソフト・パワーを組み合わせるか、むしろソフト・パワーを前面に出す方が効果があるとさえいわれるようになり、国際関係において文化を重視する傾向が出てきた。ジョセフ・S・ナイは、ソフト・パワーの源泉を、第一が文化、第二が政治的価値であり、第三が外交政策であるとした[4]。さらに、彼は文化について「文化とは社会にとっての意味を確立する価値観と活動である。（中略）ある国の文化の価値観に普遍性があり、その国が他国と共通する価値と利益を追求する政策をとっていれば、その魅力とそれが生みだす義務感によって、自国が望む結果を獲得する可能性が高くなる」と説明している[5]。

このようにソフト・パワーという言葉は、ジョセフ・S・ナイが考案したものであるが、ソフト・パワーの実体については、西欧文化と出会い、少なくとも明治外交の黎明期における日本の政府首脳は、西欧文化を圧倒的なソフト・パワーとして理解し、近代化のために受容したと思われる。犬塚孝明は、明治外交の黎明期に活躍した森有礼等を例に、「明治の外交も西洋の模倣からはじまり、独自の西洋化された『新文明』をきり拓いていく。（中略）あらゆる場所、場面で『西洋』と交わることが、近代国家をめざす日本にとって必要であった。そうした西洋化の動きは、伝統的な日本人の感性に背きつつも、外からの変化に支えられて、しだいに日本の風土に根付くようになっていく」と述べている[6]。

すなわち、日本は明治維新以降、現代にいたるまで、受容、反発、発信の変化を辿ることでソフト・パワーを身につけてきたのであり、かかるソフト・パワー重視の観点に立ち文化に力点を置いた文化外交を将来にわたって継続・強化していくことが、日本の国益に合致し、同時に国際公益に寄与すると考える。この仮説を立証するために、筆者は次のような課題を設定することにした。すなわち、「明治以降、日本の文化外交は誰によって提唱され、いつ頃、その概念が成立したのか」「文化外交は、明治以降、現在まで、どのように変容しつつ、継続されているのか」である。

日本は明治維新以降、現代にいたるまで、受容、反発、発信の変化を辿ることで、ソフト・パワーを身につけてきた。そして、ソフト・パワーは、日本の近代化の達成で得たものであり、その近代化を支えたのが、知的交流と人権尊重であった。最初の知的交流は、後述する「明六社」の活動であった。しかし、近代化の過程で、急激な工業化で、大量生産時代となり、人間性が失われがちであった。

その後、日本は幾多の戦争を経験し、第二次世界大戦で大敗北を喫した。すると日本は、近代化の原点に立ち戻る重要性に気がつき、民間の協力を得て、連合国の占領下にもかかわらず、ユネスコ加盟運動を行い、ユネスコに1951年に加盟することで、国際社会に復帰できた。

だが、復興して経済大国になると、対外関係で、きしみを生じ、円滑な外交関係を築くために、人間性を重視し、多元性に配慮し、国益と同時に国際公益につながる文化外交の価値が高まり、再び目がむけられるようになった。

そこで、文化外交が有効に機能するために、広報外交と文化財保護政策を結びつけて考えることにした。近年、世界情勢の変化で、とりわけアメリカのハード・パワーの相対的弱体化で、日本のハード・パワー強化が叫ばれるようになった。だが、ソフト・パワーに重点を置く日本の文化外交の役割は強まりこそすれ、低下することはない。

(1) 森有礼と明六社について

さて、文化外交の原点となる近代化の礎となった知的交流を実現した明六社と森有礼の関わりから見ていきたい[7]。

森は日本が近代国家として欧米から認められるために、知的交流の活発化と一夫一婦制を認める社会をめざした。何故なら日本は、夫婦制度に関し、戸籍法では、1886（明治19）年に妾の存在を実質的に否定したが、民法では1898（明治31）年に改正するまで、妾に妻と同様の2親等の地位を与えていたからである。

森有礼の経歴については、個人の活躍を描いた第1章で詳述するが、森は薩摩藩留学生として、英国に1861年に学び、その後アメリカに渡った。その後、アメリカ駐在少弁務使になり、岩倉使節団の接遇係を勧める中で教育関係者と折衝し、帰国後に、近代化のために啓蒙活動することを決意するようになった。

森は、有言実行の人であり、アメリカ滞在中の1873年12月に、知的交流団体である“Asia Society of Japan”の日本人初の会員となった[8]。

森は、帰国後、明六社が設立される前に、薩摩藩留学生時代からの盟友・鮫島尚信宛の書簡（明治6年10月19日付）の中で、societyについて、「兼而話置候書籍院之取設方、今来日ニかけ出来至るへし、ソサエチー二通リ組立、一ツは書籍会社、一ツは学・術・文・社中ナリ」と説明している[9]。まさに後者の説明が明六社といえる。

明六社は1874（明治7）年2月1日に社則が整い発足した。社則は19条からなり、第2条では、社名を明六社にすることとし、第3条では社員の規定を決めている。そして、社員の構成員には通信員や格外員を置き、遠隔地の人にも情報提供ができるようにした。第8条では、入社規定が定められ、社員の五分の三で入社を認めることにした。発足当時の社員は、西村茂樹、津田真道、西周、中村正直、加藤弘之、箕作秋坪、福沢諭吉、杉亨二、箕作麟祥、森有礼の10名で、多くが洋学者で政府と密接な関係にあった。

森は、私学の経営に熱心で自由闊達な福沢諭吉に社長を依頼したが、固辞された。福沢はその理由を述べなかったが、明六社の正式発足以前の1874（明治7）年1月に、17編からなる『学問のすすめ』の第4編で「学者の職分を論ず」を書いた。ここで福沢は、学問の目的と政治の目的は異なっているとし、政治に学問に干渉することを戒めた。これは政府の仕事を兼務している明六社の社員への警告ともとれる[10]。

明六社は、月2回の例会と演説を行い、定例会を補完する役目として明六雑誌を発行した。その中で、森は自己の信念にもとづき明六雑誌に「妻妾論」を5回も寄稿した。

初回の第8号（明治7年5月刊）で、「夫婦の交は人倫の大本なり。其の本立ちて、而して道行なわる。道行なわれて、而して国始めて堅立す。人婚すれば則権利義務其の間に生じ、互に合凌ぐを得ず。何をか権利とし、何をか義務とす。其の相扶け相保つの道を云うなり」として、夫婦同権、一夫一婦制を主張した[11]。さらに第27号（明治8年2月刊）の「妻妾論5」では欧米の婚姻法を参考にして10条からなる「婚姻律案」を作成し、第1条で「婚姻契約」をかかげ、自ら契約結婚を実行することで夫婦制度のありかたを示した[12]。これに対し、加藤弘之は高く評価している[13]。

残念なことに、明六社の活動時期と民選議院論争が同時期であったために、明六社の議論も政治色を帯び、1875（明治8）年9月に終了することになった[14]。直接のきっかけは、明治8年6月28日に交付された讒謗《ざんぼう》律、新聞条例であった。

森は会の存続のために、1875（明治8）年2月1日の演説で「政事に係ハリテ論スルカ如キは本来吾社開会ノ主意ニ非ス」とまで言い切った。さらに、会の運営を円滑にすべく、会則の改定まで行った[15]。しかし、福沢が6月16日に、「新聞条例の論」で演説したように会員の大勢は、解散もやむなしと考えていた[16]。

明六社の役割について大久保利謙は、「明六雑誌の演説掲載は、7月16日に終わっていて、雑誌そのものが不振となって中絶してしまった、これに続刊論の森有礼がこの年の11月、特命全権公使となった清国に赴任したことも与ったろう。要するに、微妙な政治情勢の推移によって明六社の官僚的啓蒙活動はその立場を失って使命を終わったのである」と述べている[17]。

（2）森有礼の意思をつなぐ人と組織

森が種をまいた知的交流を切り口にした文化と外交の関係は、国際連盟事務局次長として活躍した新渡戸稲造や第二次世界大戦前に朝鮮民族美術館を創立した柳宗悦等の有識者の行動は、組織的活動として国際文化振興会を経て、現在の国際交流基金につながっていく。また、新渡戸に縁の深い人たちによるユネスコ運動が戦後のユネスコ加盟による国際社会復帰につながった。ちなみに、2011年3月におきた東日本大震災は、地域の活性化には地域文化の伝承が重要であることで地域住民の意見は一致している。そこで、２０２０年の東京オリンピックの際には、被災地が復興する過程で、原子力発電所の廃棄物処理で当該地域の文化財が毀損されていないことを、国際社会に理解させることが重要である[18]。その理由は、オリンピックがスポーツの祭典であると同時に、当事国の文化を紹介する場だからである。

本書では、第1章で文化外交を担った先人たちについて、第2章でユネスコ外交について、第3章で2国間文化外交について、第4章では日本の国際交流基金の他の先進国の国際機関の比較分析を行い、第5章で少子高齢化社会における日本の文化外交のありかたについて探ることにした。

注釈

1　近藤春雄は、「我が国に於ける非常時形態も満州事変を契機として内外に亘り全面的拡大を来したものである以上、それを更に為政上に集約するために、何等かの思想的目標が要望せられねばならぬ」として文化外交の意義を強調した（近藤春雄「文化外交の思想的背景」、『外交時報』第761号、1936（昭和11）年8月）。

2　平野健一郎は、国際関係を文化で見る試みとして『国際文化論』（2000年）を著した。また、日本の国際交流の事業主体で国際交流基金の前身の国際文化振興会の研究をした芝崎厚士がいる。

3　川村陶子「国際文化における文化」、国際政治学会編『日本の国際政治学』、有斐閣、2009年、181～182頁。

4　ジョセフ・S・ナイ『ソフト・パワー』、山岡洋一訳、日本経済新聞社、2004年、34頁。

5　同上、34頁。

6　犬塚孝明『明治外交官物語―鹿鳴館の時代』、吉川弘文館、2009年、3～4頁。

7　富永健一は、近代化を多元的な概念として、近代化の種類を経済的近代化（産業化）、政治的近代化（民主化）、社会的近代化（自由と平等の実現）、文化的近代化（合理主義の実現）に区分している（富永健一『マックス・ウェーバーとアジアの近代化』、講談社学術文庫、1998年、26~27頁)。

8 Ivan Parker Hall "MORI ARINORI", Harvard University Press, 1973, 235p.

9 鮫島尚信宛書簡、『新修　森有禮全集』、第3巻、文泉堂書店、1998年、123~124頁。

10 『明六雑誌』第2号は、福沢の「学者の職分を論ず」への反論が4編掲載された。森は政府と人民と一体として成り立つものと見て、福沢のように人民と政府、在官と私立とを対立的にみることに反対した(大塚信一『明六雑誌』上、岩波書店、1999年、69~72頁)。

11 『新修　森有禮全集』、別巻2、文泉堂書店、2004年、204頁。

12 森は、明治8年2月6日に、福沢を証人として、お雇い外国人・ライマンの求婚を拒否した広瀬常(開拓使女学校卒)と契約結婚した(上記、別巻2、205頁)。

13 加藤弘之は、明六雑誌第31号の「夫婦同権の流幣論」で評価している(山室信一校注『明六雑誌』下、岩波書店、2009年、73~80頁)。

14 加藤は、明治7年2月、『日新事誌』で民選議院設立の時期尚早論を唱え、福沢は、明治8年5月1日の明六社の談論で反論している(石井良助「福沢諭吉の自由論―明六社筆記に見えたる」、『福沢諭吉全集』、第14巻、岩波書店、1970(昭和45)年、付録4~7頁)。

15 森は、明治8年版会則第9条で5月に社長職を廃止し、役員として会幹を6名選任した(『新修　森有禮全集』、第4巻、文泉堂書店、1999年、252~253頁)。

16 福沢は、明六社での演説だけでなく、明六雑誌の休刊についても明治8年9月4日の郵便報知新聞の社説(明六雑誌の出版を止めるの議案)で発表している(『明六雑誌』下、439~445頁)。

17 同上、66頁。

18 外務省「3・11後の広報文化外交」、平成24年7月。

第1章　近代日本における文化外交の黎明

第1章の目的

明治以降の文化交流を辿ることで、近代日本における文化外交を明らかにしたい。日本の近代化を「脱亜入欧」の言葉で表すことが多いが、近代社会における欧米は宗教と国家の関係で工夫をこらすことによって国民生活の安寧に寄与してきたと思われる。

「入欧」のためには、国家の基盤をなす国民教育と宗教の関わりを知ることが必要になる。そこで、日本の「宗教と教育政策」について考え、教育交流を重視した元留学生である初代文部大臣・森有礼の影響について取り上げ、さらに、キリスト教を信奉する知識人が文化外交に果たした役割について言及したい。尚、本章に限り、彼等の果たした歴史的意義を明瞭にするために煩をいとわず、関連の原資料を示した。

第1節　キリスト教文化から見た開国

日本は近代国家になるために、明治維新で王政復古をして、天皇の権威を前面に打ち出した[1]。天皇制を明確にするために、国家神道を国教として、1868年に神祇官を設置した。政府が近代化により日本にキリスト教が浸透することを恐れていたことは、五箇条の御誓文発布の翌日に、政府が「五榜の掲示」を掲げ、旧幕府と同様にキリスト教禁止政策をとったことから明白である[2]。

しかし、一方で欧米の理解と協力を得るためには、「信教の自由」、なかんずくキリスト教を容認することが必要であった。政府が最初に直面したのが、不平等条約改正を目的に派遣された岩倉使節団とキリスト教の関わりであった。政府は、国家神道を唱え、キリスト教信者が増加しないように注意を払う一方で、対外的には「信教の自由」を認めるというダブル・スタンダードをつくることになった。

岩倉使節団の司法随員として1872年にフランスに留学した井上毅は、キリスト教への関心が深く、外遊の8年前に熊本藩の藩校の居留生の時に、隠居中の横井小楠からキリスト教に対する評価を聞きとっている[3]。また、後の節で触れる「浦上キリシタン事件」についても東京遊学中の1871年に調べている[4]。さらに、井上は、伊藤博文が憲法草案をつくるために学んだグナイストの文書も読み[5]、次第にキリスト教に対する偏見をすて、1884年の教導職廃止の後、キリスト教の社会的活用やキリスト教への寛容を説いた。これについて斉藤智朗は、井上の、「儒教・キリスト教が各々東洋・西洋の精神文化の支柱ととらえつつ、神道に対する曖昧な見解」を「世俗主義」の限界と評している[6]。

井上に限らず、日本の近代化のためにキリスト教を容認するか否か、知識人は自問自答した。福沢諭吉でさえ苦慮しており、当初は反発していたが[7]、次第にキリスト教に対する考えかたを変えた[8]。後述するが、福沢諭吉はキリスト教を布教する宣教師の真摯な姿勢を評価し、日本の教育の近代化に活用するように考えるようになった[9]。しかし、日本の教育制度が整ってくるとキリスト教に対する関心を失っていった[10]。

福沢諭吉が、このように反発をしていた時期は１８７５年であり、１８８４年にはキリスト教に理解を示すようになったが、その後の１８９７年にキリスト教に重きを置かなくなった。これらを見ると、見事に日本のキリスト教容認の経緯と重なっていることから一般の日本国民のキリスト教観を反映しているとも考えられよう。

小泉仰は、福沢諭吉の宗教観について、第一に、福沢諭吉はあらゆる既成宗教に対し距離を置いていること、第二に、宗教の社会的功利性を見ようとしていること、第三に思想の軌跡の中で、若い時代に外来文化にむかいながら、しだいに自己自身の文化に回帰していっていることの３つを挙げている[11]。

福沢諭吉に代表される欧化思想を普及する啓蒙主義に対抗するかたちで、アジア主義が芽生えることになった。このアジア主義が形を変えて、日本の外交方針に影響を与え、第二次世界大戦につながっていった。アジア主義とは、竹内好によれば「欧米の列強のアジア侵略に対抗するために、アジア諸民族は日本を盟主として団結せよという主張で、（中略）必ずしも膨張主義または侵略主義と重ならない」とされる[12]。

第１項　ソフト・パワーから見たキリスト教文化

ジョセフ・S・ナイは、ソフト・パワーの源泉の第一に、文化を挙げている。欧米文化の根幹をなすのがキリスト教とキリスト教文化である。明治維新で、欧米の文化に触れた日本の政府首脳は、日本の近代化を達成するために、キリスト教及びキリスト教文化を理解することの重要性を理解した。

しかし、廃仏毀釈までして神道の位置を高めた情況では、政府首脳は、日本でキリスト教の布教を奨励するのは無理であると考えた。そこで、キリスト教のミッションに注目し、キリスト教と教育の関係でキリスト教の容認を考えるようになった。キリスト教の日本での布教を考えるキリスト教会側との妥協点を見出すことになったのである。

特に、この時の重要な役割を果たしたのが、欧米留学経験者だったので、ここでは、欧米に留学した知識人を通して、キリスト教文化と教育について考えてみたい。

(1) キリスト教文化と森有礼

初代文部大臣の森有礼は、その業績のどの部分を重視するかで評価が分かれる。井上勝也は森の人生を3期に分け、「第1期が誕生からイギリス、アメリカに留学し、1868年に帰国するまで、第2期を帰国後、外交官として駐米、清、英公使を体験し、1884年に帰国するまで、第3期を1885年に文部大臣に就任し、1889年に暗殺されるまで[13]」としている。

本稿では、森が宗教家・ハリス[14]に感化され、キリスト教への理解を深め、教育への情熱を持つことになった第1期を重視する林竹二説に同調する[15]。

森は薩摩留学生として1865年にイギリスに留学し、1867年にアメリカに渡った。ニューイングランドのハリスのつくったキリスト教のコロニー(新生社)で生活をした後、1868年に帰国し[16]、キリスト教への理解と「廃刀」を訴えたが理解を得られず、1870年にアメリカ駐在少弁務使としてアメリカへ戻ることになった[17]。

このような経歴の持ち主であったため、岩倉使節団(1871年~1873年)のアメリカでの道案内には好都合であった。岩倉使節団は「宗教研究」も調査の1つに加えており、この調査には久米邦武と田中不二磨呂があたっていた[18]。

使節団の田中不二麿がエリオット・ハーバード大学学長やイートン合衆国教育長官等の教育界の重要人物に会えたことは、新島襄の尽力によるところが大きい。田中の実務を助けたのは森と親しい新島襄（新島については後述）であった。因みに、田中は1872年に文部省から『理事功呈』を刊行しているが、その草稿は新島によるものであった[19]。

森のアメリカ駐在少弁務使時代の1872年3月11日、日本使節とアメリカ国務卿との会談の際に、アメリカ側から日本の信教の自由に関し疑義を問われたが、森は日本使節の一員として「日本政府は日本国民に新聞の刊行を許し、信仰の自由を認め、これをアメリカ国民に対しても差別なくおこなわれる」と返答している[20]。この会談の結果を受けて、彼は、1872年4月の「宗旨一條伺[21]」と1872年11月に太政大臣・三条実美宛の建白書の形式をとった"Religious Freedom in Japan[22]"を発表した。森が宗教自由論を英語で書いた背景には、日本の政治指導者に信仰の自由を理解させるだけではなく、アメリカやヨーロッパの多くの人にこの論文を読む機会を与えたいとの考えがあったからである。

秋枝蕭子によれば、森がこの論文を書いた背景には、「西欧的な基本的人権思想を深く学び知った森は、『良心』に対する危機として恐れ、神道の国教化を未然に防ごうとしたからである」と解釈している。さらに、宗教自由論の中核には、2つの柱があるとして、「①良心および信教の自由の保障、②教育の基本的重要性、この信念は一貫して（森に）保持され、実践されてきた、この二つは相互に関連し合って、国家の命運を形成する大事業であるとの認識が森の信念だった」と結論づけている[23]。このように、森の教育論を宗教から捉えることは、森の教育論を理解するためには欠かせない視点であり、秋枝の解釈はその研究に一石を投じたと考えられる。

森の宗教や教育調査の取り組みは、必ずしも日本政府の方針と合致していなかった。森は、日本が欧米と対等な立場で外交交渉を行うためには、多少、まわり道になっても、日本が欧米と同質の市民社会の成立をめざし、キリスト教を容認し、国民に教育の機会を増やすために、私学にも教育の場を与えるための準備をしていることを示すべきだと考えていたようである。

したがって、森は、積極的に不平等条約改正交渉に成果を上げようとせず、吉田清成の外債募集も妨害した[24]。条約改正交渉に関して木戸孝允は1872年2月18日付木戸日記に森への不満を述べている[25]。

勅許を乞わんとす今此擧反顧いたし候に余等伊藤或は森辨務使等の粗外國事情に通せしに託し匇卒其言に随ひ

天皇陛下之

勅旨を再三熟慮勤案せさるを悔ゆ實に余等の一罪也

外債募集妨害で政府は森の罷免を強く検討した。罷免の理由は1872年6月24日付吉田清成書簡で明らかにされている[26]。

大蔵少輔　吉田清成

井上大蔵大輔殿

澁澤榮一殿

上野景範殿

（前略）

第一、森有禮先生ト爭論ノ末、終ニ爭論ノ始終と且士卒族祿元來彼等ノ「プロペルチー」故、政府ヨリ掠奪する不條理明白抔云フ樣ノ意味ニテ、米國於テ英文ノ「プリチンク」ヲ諸朋友ヘモ送達セリ。同人事「チャーヂアフヘャー」ニテ、只政府ノ用向ヲ米國政府ヘ達スル迄ノ職務、外ノ事務且つ我政府ヲ辱カシムル所業言語ニ絶シ候。

定テ歐羅巴ヘモ右樣ノ書散亂スルハ必然、此一事ヲ以テモ我信用ヲ失セシ夥シク、條公初メ殊ノ外憤怒是非トモ呼返シ嚴罰スルニ決議アリ。

森は政府の意向を知り、辞職を決意した。森の辞職申し出の理由は、１８７２年10月11日付寺島宗則・鮫島尚信宛森書簡に述べられている[27]。

僕前ニ辞職表を進ル再次、爾後又閣下ニ一書ヲ呈シ一旦歸國其哀情ヲ親述センコトヲ乞ヒタリ、然ルニ此件歴久今ニ至リ報ナク混迷實ニ不少、是レ蓋シ方今國事ノ多端ナルニ歸スベシト雖モ僕行カゝリ止マレス、再ヒ閣下ニ勞ヲ請ハサルヲ得ス、此度ハ右ニ云フ哀情ヲ畧記シ必ス決報ヲ要ス、其大旨云

一　政府ノ信ヲ不得

二　自己其任不勝

三　外國交道ヲ全スル為ニアル

僕世ノ為メニ勉勵シ心力ヲ盡ス固ヨリ難キヲ辭セスト雖、閣下定メテ記憶アルヘシ、過ル己巳年夏僕官職ヲ免セラレ且ツ位記返上ノ名を受ケシアリ、當時ノ世説ニ薩藩其重官村田某ヲ出京セシメ、朝管ニ列スル薩生ノ内數十名藩信ヲ得サルト退ケント企、僕名亦其員中ニアリテ其故ヲ問フニ嘗テ主張セシ廢刀隨意ノ

説専ラ彼犯意ニ戻リシニ歸スト、然レトモ僕元ト藩選ノ任官物に非ス、朝廷亦薩藩ノ私物ニアラサレハ僕ノ進退更ニ之ニ係可ル可ラス、廢刀説ニ至テハ全ク世益ヲ企望スル出シモノ、又固ヨリ人ノ害トナルベキモノニ非ス

（中略）

往時ノ辱ハ僕ノ一軀ニ止マリシト雖、今時ノ凌辱ハまた廣ク邦名ニ及フ、如此シテ公私ノ爲メ兩ラ害多シ、閣下願クハ此情實ヲ洞察シ僕ヲシテ意の如ク速ニ解任ヲ得ルニ助力ヲ恵ミ玉へ

このように、森が1872年2月に辞職の意志を固めたにもかかわらず、政府が慰留したのは、森がアメリカに留まらねばならぬ別の理由があったと考えられる[28]。

森は帰国後の1873年に政治・経済・宗教等さまざまな問題について啓蒙思想を鼓舞することを考え、1874年に西村茂樹、福沢諭吉、西周、加藤弘之等を同人に「明六雑誌」を発行した。明六社の活動が順調な様子は1873年の10月19日付鮫島尚信宛森書簡に述べられている[29]。

その後、森有礼は駐清国公使、外務大輔、特命全権公使・英国駐在等外交官として活躍し、外交官生活を終え、文部省御用掛を経て、伊藤博文が1885年に初代文部大臣に任命した。

森の文部大臣就任に対し、森の留学経験を評価している近代教育推進派は、森が日本に欧米流の教育制度をもたらすことを期待し、天皇の権威を重視して儒教主義教育を考えていた保守派は、森が日本の伝統に反する教育体系を構築することを恐れていた。

保守派の1人である元田永孚は三条実美太政大臣や有栖川左大臣へ建言した[30]。だが、実際は双方の陣営の期待を裏切り、森は善良な臣民と国家の指導者を育てることを念頭に置いた教育制度を創設する役割を果たした。

（2）新島襄とキリスト教教育

後に同志社を創立する新島は１８６４年に函館から密出国し、１８６５年にアメリカのボストンに到着し、地元有力者のハーディーの尽力により１８６６年にアンドーヴァー神学校付属教会で洗礼（組合派）を受けた。その後フィリップス・アカデミーを経てアーマスト大学へ入学し、１８７０年に卒業したのち、アンドーヴァー神学校に入学した。後に、日露戦争の講和条約であるポーツマス講和条約締結の影の功労者である金子堅太郎も、ハーディーの人脈でアメリカ国民に日本の国民性について理解を得る機会を得た。

新島は以前に森有礼から北海道開拓使に勤務するように薦められていたが、アメリカに残った。

新島は、１８７４年にアメリカン・ボード日本ミッションの準宣教師に任命されると、キリスト教布教のために１８７５年に帰国した。彼は大阪を根拠地として布教活動に入ると、ただちにミッション・スクールを大阪で開校することを考え、渡辺昇知事と接触したが、反キリスト教の渡辺は宣教師を雇って学校で教えることを認めなかった。渡辺の学校教育に対する見解は、１．キリスト教の女学校は認可しない、２．女子教育は容認するが、教員は男性であり、女性宣教師は範疇外であるということであった。

その結果、新島は、開校場所を京都に変更することになり、１８７５年にディヴィス、山本覚馬らの協力を得て、同志社英学校を創立した。さらにモルレーの意見書に書かれていたように[31]１８７７年に同志社女学校を創立することになるが、女性宣教師の赴任を京都府に申請し拒否されている。

新島は、１８８８年11月に同志社大学設立趣意書をしたため、その後有力者に支援要請をしているが、その内の１人に松方正義がいた。新島は自身の決意を和歌に託し、１８８９年11月25日付の手紙で「朝な夕な峰に煙の絶えされは　山の心根如何あるらん[32]」と松方に送った。

後述するように、松方正義がキリスト教信者から信頼される理由は、キリスト教に対し、渡辺昇や大隈重信と異なり、終始冷静な態度をとり続けたことにある。

明治政府は、幕府の方針を踏襲してキリスト教を禁止したが、長崎県の浦戸でキリスト教徒が急増したため、政府は苦慮し各藩に流配することを決定した（第一次浦上キリシタン流配）[33]。

この政府の方針に対し、日本に駐在する外交団は猛反発し、1868年閏4月3日に、日本政府と外交団での話し合いが行われた[34]。

第一次浦上キリシタン流配後も、長崎ではキリスト教徒は増加し続けたために、渡辺昇が1869年8月に長崎に派遣され、対応について長崎県判事を経て日田県知事となった松方正義と協議した。のちに彼は、弾正大忠として、「第二次浦上キリシタン流配」を指図し、キリスト教徒を弾圧した[35]。

その後日本政府は、次第にキリスト教徒に寛容になったが、大隈は、キリスト教強硬派の姿勢をとり続けた[36]。キリスト教解禁後、大隈は、一変して選挙でキリスト教徒から支援を受けたが、これに対し、渡辺昇は、大隈を非難する書簡を松方に送っている[37]。

（3）澤山保羅と教育交流―女子教育の先覚者

もう1人のキリスト教教育の先覚者に澤山保羅がいる。澤山は、1870年に神戸でアメリカン・ボード[38]の宣教師のD・Cグリーンから英語を学んだ。その後、グリーンの薦めで、1872年にイリノイ州エバンストンのノースウェスタン大学予科に入学し、エバンストン第一教会で洗礼を受け帰国した。

澤山は当初の布教活動を関西地区で行い、梅本町公会（現・大阪教会）、浪花公会（現・浪花教会）の信徒を獲得した。澤山は、1877年に浪花公会で新島襄と宣教師たちの手によって聖職を授かった。その後も新島と澤山の交流は継続し、澤山の葬儀で新島が弔辞を述べている[39]。

アメリカン・ボードは、1875年に神戸英和学校、1877年に同志社女学校を設立して運営し、さらに他にも女学校を設立したいと考えていた。吉田亮によれば、アメリカン・ボードの伝道活動は、伝道地を統括するミッションと、伝道地内の地方伝道拠点としてのミッションがあり、宣教師の活動現場であるステーション及びアウトステーションにより運営されていた[40]。このアメリカン・ボードのステーションは、教会事業については本部の寄付に頼ることなく、「自給[41]」を認めていた。

このようなアメリカン・ボードの意向にもとづき、大阪では日本人信徒による自給学校が創られた。梅花女学校は、澤山の同志で澤山の義兄にあたる小泉敦[42]、成瀬仁蔵、フランセス・スティーブンス[43]、ホーラス・レビット[44]の4人によって1878年に創立され、初代校主に小泉がなった。このような学校を設立したことは、かつて新島が望み、なしえなかったことを実現したことになる。

本来ならば、真の創立者である澤山が梅花女学校の校主となるべきところを、澤山ではなく小泉が校主になった背景には、キリスト教布教反対の急先鋒の渡辺昇大阪府知事への対策があったのではなかろうか。つまり、澤山が小泉を起用した理由は、小泉が高崎藩英語学校の英語教師として働き、その時に松方の知遇を得て、大阪英語学校の教師として赴任したという事情を知っていたためと推測できるのである[45]。

アメリカン・ボードから金銭的援助を受けない梅花女学校は、生徒が納める授業料の他は、梅本町公会と浪花公会の信徒が捧げる献金によって運営することとなった。ここに、ミッション・スクールではなく、日本人の手で教育事業を行いその責任を日本人自らが負うことを明確にしたクリスチャン・スクールが誕生したのである。

キリスト教信者が少なく女子教育に理解者が少ない当時としては、このようなクリスチャン・スクールが誕生したことは、当時のキリスト教週刊紙『七一雑報』に成瀬仁蔵の開校に関する祝文や新島の祝辞が掲載されていることからも、画期的な試みであったことがわかる[46]。成瀬はこの経験を生かし、1901年に日本で最初の私立女子大学である日本女子大学を創立した[47]。

なお、森有礼と関係が深く私学教育の先駆者である福沢諭吉が、キリスト教と教育の関係をどのように考えていたのか興味深いが、『福翁自伝』にはキリスト教に関する記述が無く、キリスト教と接点が無いように思える。しかし、白井堯子の研究で、福沢諭吉も高等教育（大学開設）にキリスト教宣教師の力を借りたことが判明している[48]。福沢が協力を仰いだのはユニテリアンであるが、このユニテリアンについては、イギリス、アメリカの複数のルートで福沢諭吉のもとに情報がもたらされていた[49]。ユニテリアンとは、土屋博政によれば、「英国では長老派からアメリカでは組合派から分離し生成された宗派[50]」のことで、他の宗教に寛容であった。

福沢一太郎と親交のあったアーサー・メイ・ナップ（1842年～1921年）は、ユニテリアンの牧師の息子として生まれ、ハーバード大学を卒業し、南北戦争にも参加している。ナップは1887年に来日し、福沢諭吉と親しくなり、慶応義塾でユニテリアン紹介の講演をしたり、時事新報[51]に寄稿したりした。さらに、福沢諭吉の依頼で慶応義塾で教える外国人教師の人選も任され、リスカム、ドロッパ、ウヰグモルの3教授（リスカムはブラウン大学だが、2人はナップと同じくハーバード出身）が1889年に来日し、そのことは慶応が宗派性を持ったと疑われる原因にもなった[52]。

しかし、ユニテリアンと福沢諭吉との蜜月も永く続かず、キリスト教の影響を受けていない人材を登用することになった。その理由として考えられるのは、ユニテリアンが福沢諭吉と個人的な信頼関係にあったナップを交替させようとしたこともあるが、先に述べたような森の主張する国家の教育政策が明確になったことが主要な要因の1つであろう[53]。しかし、福沢諭吉は私立学校の経営者として、外国人教師を宗教家ではなく、教育者としての資質に注目して採用した。また、近代科学に重きを置くハーバード大学を将来の提携先として考えていた。

第2節　国際的知識人の活動と挫折

日本が、近代化し、欧米先進国の文化水準に達しようとした際に、日本人とりわけ知識人は、先進国の日本への評価に頭をめぐらすようになった。すなわち、日本社会で叫ばれていた「和魂洋才[54]」を具体的に理解させるために、「和魂」をわかりやすく説明する必要がでてきた。英文の『武士道[55]』（１９００年）の著者である新渡戸稲造（１８６２年～１９３３年）は、欧米に対する日本文化の最適な紹介者であったが、まさにこの「和魂」を的確に説明した言葉こそ『武士道』であったといえよう。

新渡戸の業績は、教育者、農学者、国際政治家の多面にわたっており、国際政治家としての評価は極めて高い。後述するように新渡戸は、国際連盟の事務局次長（１９２０年～１９２６年）として活躍するだけでなく、国際平和のための啓蒙活動、すなわち国際連盟啓発事業としての講演活動を世界各地で積極的に行った[56]。さらに、国際問題を話し合う太平洋問題調査会の第3回太平洋会議（１９２９年）では、『日本文明における外交の二潮流』という論文集を作成し、配布した。この論文は日本の世界における位置づけを社会科学的学識にうらづけされた論文として評価が高い[57]。

また、新渡戸は「願わくば我、太平洋の橋とならん[58]」という言葉のもと、次節で述べる第一高等学校校長時代の弟子[59]たちを含め、男女を問わず多くの人材を育てた。そこで、新渡戸[60]と同時代の人物で、同じく国際感覚に優れており、経済から国際関係に取り組んだ仙台藩出身の高橋是清（１８５４年～１９３６年）と対比することで国際政治家としての新渡戸を考えてみたい。

高橋の財政家としての名を知らしめたのは、日露戦争のために外債募集[61]で活躍したことにある。高橋は、アメリカで苦学し、帰国後、森有礼文部大臣の書生として日本における人生のスタートをきったのだが、アメリカ在住以前に横浜で銀行家・シャンド家に住み込みで働いた経験[62]があり、このことが外債募集の際にアメリカでの人脈開拓[63]に役立った。

高橋は財政家として、1906年に横浜正金銀行頭取、1911年に日本銀行総裁、1918年には原敬内閣の大蔵大臣になった。高橋の財政家としての手腕は高く評価され、6回も大蔵大臣になった。

ところで幕末に青年時代をすごした先人たちは、漢籍の教養はあるものの語学は独学で、留学後も苦労を重ねた。その後、明治政府の教育方針で、多くの「お雇い外国人」が日本に招聘されたことにより、高等教育を外国語（英語）で受けた世代が誕生した。この世代に内村鑑三、新渡戸稲造、岡倉天心等がいる。この世代の特徴は、きわめて英語が堪能で欧米文化に詳しく、幕末世代と比べれば日本歴史の知識に関し若干劣る点があったにせよ[64]、逆に欧米文化に詳しいことが一般の同時代人と違い、比較文化的思考が強かった。新渡戸は、大学予備門を退学し、開拓使札幌農学校2期生となり、1881年に卒業、1884年（23歳）にアメリカに留学し、ジョンズ・ホプキンズ大学で経済学・史学・文学を修業し、クェーカー教徒になった。ドイツ留学を経て、1891年に帰朝し、札幌農学校教授となる。その後、農学者としては1901年に台湾総督府技師としての仕事をし、さらに教育者としての歩みを進める。1906年に第一高等学校校長に就任し、東京大学農学部教授を兼任する。1911年に日米交換教授[65]として渡米し、1918年には東京女子大学学長[66]に就任した。

こうして新渡戸や高橋が活躍する時代になると、日本も極東の小国から規模を拡大して、第一次世界大戦終了後は欧米列強に並ぶ大国になり、国際連盟[67]にも加入することになった。新渡戸は、1920年～1926年に国際連盟事務局次長となったが、新渡戸は人種的偏見もなく[68]、積極的に国際紛争の解決をこころがけた[69]。また国際知的協力委員会[70]をつくる等、成果を上げた。

新渡戸の国際舞台での活躍とはうらはらに、第一次世界大戦後の各国は大国に有利に働く金本位への復帰を検討するようになった。イギリスが１９２５年４月に金本位制に復帰すると、日本も金本位制への復帰が急がれた。国内に不良債務を多く持つ銀行をかかえる日本は苦しい立場にあったが、１９３０年１月に金本位制に復帰した。しかし、１９２９年９月のニューヨークの株式暴落は、世界恐慌のきっかけとなり、その甚大な影響を受けることになった。高橋は、大蔵大臣として１９３１年12月に金本位から離脱することで、金融恐慌を乗り切った。しかし、日銀引き受けの赤字国債発行で軍事費や農村土木費の増大をまかなったものの赤字国債が際限なく増加することを恐れ、１９３４年～１９３５年は軍事費の伸びを１桁に抑えて、国債残高の伸び率も低下させた[71]。

新渡戸は、日本の中国大陸進出による日本経済活性化を必ずしも妥当と考えていたわけではないが[72]、その後アメリカに渡り１９３３年にカナダで客死するまで、日本政府を弁護する論陣を張り続けた。

新渡戸が満州事変に対する日本の態度を弁護したことは、「国際協調主義者」からの転向ともとられるようになった[73]。満州事変に対するリットン調査団の報告書に関連し、新渡戸は古巣である国際連盟の批判[74]までした。しかしこれは、新渡戸が満州事変後に「変節」したのではなく、『武士道』を書いた人間として本質的には「愛国者[75]」であり、政治的妥協点をさぐることで「日米の架け橋」となろうとして、日本政府を弁護することになったと思われる。当時の日本政府は軍部の主張にひきずられ、軍部の方針に次第に逆らえなくなってきており、国際協調を主張し外務大臣に就任した幣原喜重郎は、軟弱外交と呼ばれて非難され外相の地位からひきずりおろされた[76]。このような満州問題で対応に苦慮する日本の外交政策を見て、対外的に日本の国論を統一させようと努力したのが新渡戸であった。

一方、新渡戸と同時代を生きた高橋は、国際社会で孤立することを恐れて、満州への投資には慎重になり、国際協調を重視する行動をとった[77]。

欧米諸国は満州国の承認に否定的でイギリスのみはドイツの再軍備に神経をとがらせており、日本との協調[78]を通じて中国との幣制改革を考えていた。しかし、これも2・26事件（1936年）による高橋の暗殺で無に帰したのであった[79]。

第3節　国際的孤立と文化外交

周知の如く、日本は日清・日露戦争に勝利し、第一次世界大戦で戦勝国の側に立ったのである。国際社会から大国として認められ国際連盟の主旨に賛同したものの、これをもって日本独自の外交方針が確立されたとは考えにくい。その意味では、新渡戸稲造の存在は稀有で貴重なものであったといえる。

したがって、日本の国際的孤立を回避すべく国際社会に向けて発言を続けた新渡戸が死去すると、日本の国際的孤立は強まったのは当然といえよう。日本政府は、国際的孤立を組織を通じて打開すべく積極的に国際文化交流を行うために国際交流基金の前身ともいうべき、国際文化振興会を1934年に設立した[80]。

これ以降、我が国では国際文化振興会を通じて、文化外交について語られることになった。この時期こそ文化外交という言葉が語られた最初と評せよう[81]。

国際文化振興会の活動については、芝崎厚士の先行研究があり、芝崎は国際文化振興会の活動を草創期、日中戦争期、太平洋戦争下、第二次世界大戦後に分類している。草創期、日中戦争期、太平洋戦争下のそれぞれの特徴を確認するとともに、国際文化振興会と文化外交との関わりを明らかにしたい。

草創期（１９３４年～１９３７年）の特徴として、芝崎は国際文化事業の模索の時代で、認知度を高めることに努力したとしている。国際文化振興会の活動については賛否両論があった。そこで芝崎は、国際文化振興会の近藤春雄の意見を吟味して、「国際文化事業（文化外交）に対する外部の賛否それぞれの評価に答えつつ、国内的効果との関連から事業の意義づけを試み」としている[82]。筆者も、近藤の「文化外交の思想的背景[83]」を参照して、芝崎と同様な意見を持つにいたった。

日中戦争期（１９３７年～１９４１年）は、満州事変の教訓から対外宣伝、広報に力を入れた[84]。１９３８年11月には国際文化振興会の事業を広報するために雑誌『国際文化』が発行された。芝崎は、この時期の国際文化振興会の国際文化事業は活動範囲がせばめられ、国家による文化政策の一分野へと格下げされたと見ている。だが、注目すべきは、この時期に、後の国際交流基金の主要な事業となる日本語の普及が取り上げられていることである[85]。

太平洋戦争下（１９４１年～１９４５年）における国際文化振興会の事業について、芝崎は、「戦時下の日本は、『大東亜共栄圏』という理念的には主権国家秩序を越えようとするような秩序観に支配されており、文化政策の面では、日本文化の『優秀性』を無前提に他者に押付けることのみが課題となっていた。こうした状況のなかでは、国際文化振興会の存在意義は低下せざるをえなかった」と評している[86]が、このような背景のもと、太平洋戦争下の日本文化について検討するために日本における西欧文化の受容に立ち返って知識人の間で論議がなされた[87]。

注釈

1　徳川慶喜は、徳川幕府に代わる体制として旧公武合体派が検討していた「列候会議」体制とする可能性を考え、大政奉還を決断した。しかし、明治維新のリーダーである岩倉具視や大久保利通は、国内的または対外的危機の責任を幕府の失政に求め、幕府に代わる政治体制を天皇政治に求めた「王政復古」を進めた（伊藤彌彦『維新と人心』、東京大学出版会、1999年、43～44頁）。

2　五榜の掲示の第三条に、「切支丹邪宗門ノ儀ハ堅ク御制禁タリ若不審ナル者有之ハ基筋之役所へ可申出御褒美可被下事」と記されている（『法令全書』、明治元年3月15日、第158）。

3　国学院大学編『井上毅伝　資料編』第3、国学院大学図書館、1966～1977（昭和41～52）年、1～13頁。

4　斉藤智朗『井上毅と宗教　明治国家形成と世俗主義』、弘文堂、2006年、87頁。

5　斉藤智朗『井上毅と宗教　明治国家形成と世俗主義』、71頁。

6　斉藤智朗『井上毅と宗教　明治国家形成と世俗主義』、20～21頁。

7　「洋学者流が耶蘇の教を悦て日新の学問を忘れ、一冊の『バイブル』を読むのに工夫」と『文明論之概略』で批判した（『福沢諭吉全集』、岩波書店、1964年、第4巻、104頁）。

8　1884年に福沢諭吉は、「宗教も亦西洋風に従わざるを得ず」（『福沢諭吉全集』、岩波書店、1964年、第9巻、529～536頁）と『時事新報』に発表し、それまで主張してきたキリスト教排撃理由が「一時の過慮」だったと自己批判し、キリスト教化を国益の手段にしようと新提案した。

9　1884年に『時事新報』で「耶蘇教會女学校の教育法」で、「本来の目的は布教に在り、学校教育の如きは其一方便たるに過ぎざれども、我輩の所見を以ってすれば、諸子が其目的を達せんとする諸方便の中に就て、学校教育ほど適切にして然かも有効なるものはなかる可しと信ずるなり」とキリスト教学校の教育を評価した（『福沢諭吉全集』、第11巻、318頁）。

10　１８９７年に『時事新報』で「宗教は茶の如し」では、キリスト教の影響力を「宗教の中にも種々の主教あれども、経世上の眼を以って見るときは其相違は普通の茶と紅茶の違ひぐらゐにして、孰れを飲むも差したる相違に非ず」と評価している（『福沢諭吉全集』、第16巻、91頁）。

11　「福沢諭吉の宗教観」（比較思想史研究会編『明治思想家の宗教観』、大蔵出版、１９７５年、69～71頁）。

12　「アジア主義とは何か」（竹内好編『アジア主義』、筑摩書房、１９６３年、９～12頁）。

13　井上勝也『国家と教育―森有礼と新島襄の比較研究―』、晃洋書房、２０００年、26～27頁。

14　トマス・レイク・ハリス（１８２３年～１９０６年）は、神秘的な宗教家で、１８５９年に宗教団体（新生社）をつくり、ボストン郊外のコロニーで集団生活を行った。後にカリフォルニアへ移転し、葡萄園を経営しながら宗教活動を行った（門田明『カリフォルニアの士魂―薩摩留学生長沢鼎小伝』、本邦書籍、１９８３年）。

15　林竹二『林竹二著作集』第２巻（森有礼）、筑摩書房、１９８６年。

16　森は薩摩留学生の畠山義成、吉田清成、鮫島尚信、松村淳蔵、長沢鼎等とハリス農園で労働奉仕したが、急進的なハリスと意見があわなくなり、森と鮫島、長沢を除き、ハリスの下を去った。ハリスは日本の社会改良を考え、鮫島と森に帰国を勧めた。鮫島と森は「米国退去の別辞」を書いている。アメリカ・コロンビア大学バトラー図書館がこの書簡を所蔵している（大久保利謙監修『新修　森有礼全集　別巻２』、文泉堂書店、２００４年、４４４頁）。

17　井上勝也『国家と教育―森有礼と新島襄の比較研究』、晃洋書房、２０００年、28頁。

18　山崎みなこ『岩倉使節団における宗教問題』、思文閣出版、２００６年、48頁。

19　『理事功呈』とは、岩倉使節団の報告書のことである（『新島襄全集』１教育編、同朋舎出版、１９８３年、６５０頁）。

20　監修大久保利謙『新修　森有禮全集』第１巻、文泉堂書店、１９９８年、99頁。

21　４条からなっており、第１条で、「宗門ヲシテ闘ラシムルハ多害少利且數種ノ異宗互ニ黨ヲ植テ是非ヲ争端終ニ防グベカラサルニ弊害ヲ醸シ政法ノ妨害ナル而已那家ノ衰頽概子此ニ根ス、故ニ政府ハ何宗旨ニモ係ラサルを以テ善良トスベシ」と述べている（第2巻、3頁）。

22 日本語訳で「宗教は時勢に適せんか為に時々変化する者なり。博識なる亜米利加エマルソン氏いえることあり。曰く、吾人の偽教と称する宗教も一時は真教たりき。且良心の見識に出て当時の悪弊を矯正するものたりきと。（中略）既往の耶蘇騒動の事実は痛く人民の脳裏に染着し、外教は善良の部分を有するに拘らず、其侵入を非とするものもあらん」としている（第2巻82頁）。

23 「森の『宗教自由論』とマンの宗教的自由の擁護」、秋枝蕭子『森有礼とホーレス・マンの比較研究試論』、梓書院、2004年、194～198頁。

24 明治5年7月19日付の「少弁使免官の件」に、森有礼がアメリカでの条約草案討論の最中に、勝手に離席し外出しただけでなく、3日間の保養休暇を取ったことが明らかにされている（『森有礼全集』第3巻、283～284頁）。

25 『木戸孝允日記』二、東京大学出版会、1967年、148頁。

26 「明治5年対米外債問題関係文書」、『新修　森有禮全集』、第1巻、132頁。

27 『森有禮全集』、第3巻、寺島宗則・鮫島尚信宛書簡、286～288頁（国立国会図書館、鮫島尚信・武之助関係文書）。

28 林竹二は、「森が辞職する消極的理由は、外交官の本来の職務をまっとうできなかったこと、積極的理由は、アメリカでの教育調査を完了させるまで現地に留まる必要があった」として教育調査の重要性を指摘している。森は、1872年1月5日に米国有識者14名に日本の教育に対する助言を求め、報告を待っていた（『林竹二著作集』第2巻（森有礼）、筑摩書房、1986年、28頁）。

29 『森有礼禮全集』、第3巻、書簡一、124頁。

30 山口輝臣『明治国家と宗教』、東京大学出版会、1999年、75頁。

31　モルレーは、長崎、兵庫、大阪、京都等を視察して、「学制」の実施状況を見て、「学監ダウヰッド・モルレー申報」（文部省第2年報、明治7年）を文部省に提出している。モルレーは、報告書の中で、長崎県の公立小学校を例として取り上げ、女子生徒が少ないことに嘆息しているが、長崎県民が女子教育に注意を向けていないのではなく、男子教育ほど緊急性が無いと判断した結果によると分析している（梅渓昇『お雇い外国人―明治日本の脇役達』、講談社、２００７年、１５２頁、明治文化研究会編『明治文化全集』・復刻版、日本評論社、第11巻、１９９２年、１３４頁）。

32　同志社編『新島襄の手紙』、岩波文庫、２００５年、３０４頁（松方正義宛）。

33　１８６８年4月に政府は、浦上のキリスト教徒に対し、次のような方針を決めた。①信徒の中心人物数名を長崎で死刑にし、残りの３０００余名を尾張より以西の10万石以上の諸般に預託する、②預託する信徒の生殺与奪の権は、各藩主に一任する、③7年間、信徒１人につき1口半の扶助を与える（『木戸孝允日記』第1巻、東京大学出版会、１９６７年、11～12頁）。

34　大阪東本願寺別院で、各国公使を招き、日本側から、外国事務局総督山階宮、副総裁三条実美、総裁局顧問木戸孝允、同小松清廉及び大隈重信等12名が出席した。外交団を代表してパークス・イギリス公使が糾弾し、これに対し反論し、日本政府の立場を認めさせたのが、大隈重信であり、政府から高く評価された（御厨貴監修『大隈重信』、ゆまに書房、２００５年、42頁）。

35　１８６９年、10月から11月にかけて、太政官から徳島・山口・松江・津和野・福山等の諸藩に対して、信徒の預託が命じられた（家近良樹『浦上キリシタン流配事件』、吉川弘文館、１９９８年、82頁）。

36　鹿児島藩の要請で、１８７０年10月に鹿児島藩が受け入れていたキリスト教から仏教への改心者を長崎に帰郷させることになった。大隈は強硬派で、改心者の帰郷に強硬に反対し、三条実美が大隈を説得した。（家近良樹『浦上キリシタン流配事件』、吉川弘文館、１９９８年、１０６頁）。

37　渡辺昇は、職務に精励する松方を信頼し、松方にたびたび書簡を送り、1892年2月27日付書簡で、大隈重信の豹変について非難している。（渡辺昇書簡、大久保達正監修『松方正義関係文書』、大東文化大学、1988年、第9巻、95～99頁）。

38　アメリカン・ボードとは、来日アメリカ宣教師の活動の総称である。組織の頂点にアメリカン・ボード本部があり、その下に1872年に日本ミッションを置き、下部組織に宣教師の活動拠点を置いて、活動を行った（同志社大学人文科学研究所編『アメリカン・ボード宣教師―神戸・大阪・京都ステーションを中心に、1869～1890年』、教文館、2004年、15頁）。

39　茂義樹『澤山保羅全集』、教文館、2001年、576頁（亀山昇宛　新島襄書簡）。

40　同志社大学人文科学研究所編『アメリカン・ボード宣教師―神戸・大阪・京都ステーションを中心に、1869～1890年』、教文館、2004年、12頁。

41　同上、169頁。

42　学校法人梅花学園創立130周年記念誌―130年の歩みと将来の展望』、2007年、44～45頁。

43　スティーブンス女史は、オベリン大学出身で、この大学へは以後多くの日本人が留学した。その中には、福沢諭吉の子息の福沢一太郎・福沢捨次郎兄弟が含まれ、福沢兄弟は1883年にオベリン大学に入学している（小泉仰『福澤諭吉の宗教観』、慶応義塾大学出版会、2002年、63頁）。

44　レビット師（1846年～1920年）は1873年に宣教師として来日し、アメリカに帰国中の1873年に澤山に布教のための帰国を勧めた。また、成瀬仁蔵のアメリカ留学にも尽力した（『学校法人　梅花学園創立130年記念誌』、2007年、38頁）。

45　ハル・松方・ライシャワー『絹と武士』、広中和歌子訳、文芸春秋、1987年、208～209頁。

46　宮澤正典『七一雑報』の新島襄と女子教育（新島襄全集月報vi、1987年9月）。

47　成瀬仁蔵（１８５８年～１９１９年）は澤山と同郷で、澤山から受洗した。梅花女学校を辞した後、米国に１８９０年に留学し、帰国後、１８９４年に梅花女学校校長に就任した（『学校法人梅花学園創立１３０周年記念誌』、２００７年、33頁）。

48　白井堯子『福沢諭吉と宣教師たち―知られざる明治期の日英関係』、未来社、１９９９年、２５４頁。

49　白井堯子によれば、「ユニテリアンの日本での布教活動としては、まず、英国にいた矢野文雄（時事新報社主）の英国ユニテリアン協会に対する宣教師派遣であり、アメリカに留学中の福沢一太郎の働きによる英米両国のユニテリアンの協力があった」と述べている（白井堯子『福沢諭吉と宣教師たち―知られざる日英関係』、未来社、１９９９年、２２０頁）。

50　土屋博政『ユニテリアンと福沢諭吉』、慶応義塾大学出版、２００４年、23頁。

51　清岡暎一編集・翻訳『慶応義塾大学部の誕生―ハーバード大学よりの新資料―』、慶応義塾、１９８３年、英文の10頁、24頁に書かれたナップの書簡を参照。

52　土屋博政、同上、１０６頁。

53　第１章22頁参照。

54　幕末に、佐久間象山は、西欧の技術と日本精神の融合を「東洋道徳西洋芸術」と表現したが、明治維新以降、「和魂漢才」のヴァリエーションともいうべき、「和魂洋才」という熟語が使われるようになった。和魂洋才が使われるようになった背景を、平川祐弘は、「日本の近代化の過程では当初は西洋文明の中の形而下的要素を導入するということが国家存立の条件としていちじるしく重要であった。それだから日本では自分たちの伝統的な精神上の伝統だけは従来通り維持したいという考えかたも手伝って、『和魂洋才』などという折衷主義の公式が唱えられたのであった」と述べている（平川祐弘『和魂洋才の系譜』上、平凡社、２００６年、12頁、53～57頁）。

55　『武士道』に対する反響が大きかったのは、１９０５年に日本がロシアに勝つという予想外の結果もあり、世界の眼が日本国民の精神に向けられたためである。『武士道』は英語だけでなく、ドイツ語、フランス語、ポーランド語、ノルウェー語、ハンガリー語、ロシア語、中国語にも訳された（松隈俊子『新渡戸稲造』、みすず書房、１９６９年、１０２頁）。

56 新渡戸は、世界各地で国際連盟啓発の講演会を行い、日本に一時帰国した１９２４年11月～１９２５年2月の3カ月で85回の講演会を行い、聴衆は総計で5万人に達した（篠原初枝『国際連盟―世界平和への夢と挫折』、中央公論新社、２０１０年、１７３～１７４頁）。

57 太平洋問題調査会は、国際主義を標榜する非政府組織であり、太平洋地域の住民の関係改善を目的とした学術会議で、１９２５年から１９６０年までに13回開催された（『新渡戸稲造全集』第19巻、教文館、１９８５年、７４１～７４２頁）。

58 この言葉は、新渡戸が１８８３年に東京大学に入学した時に主専攻の経済学の外に副専攻として英文学を組み合わせた時の理由として述べ、この時に日本の外国の文化交流の仲介者になりたいと目覚めたとされている（太田雄三『〈太平洋の橋〉としての新渡戸稲造』、みすず書房、１９８６年、６頁）。

59 南原繁は熊野義孝との対話で新渡戸のことを「新渡戸先生の偉い点は、学校でひと言も神を語り、キリスト教をいわなかった。それから先を内村鑑三先生のところにやるんですね」と回想し、賞賛している（南原繁『南原繁対話　民族と教育』、東京大学出版会、１９６６年、２１８頁）。

60 ちなみに、新渡戸が望んだ日本の国際化、国際知的交流を重視した国際協調は、日本の武力をいとわぬ海外進出の前に挫折するのだが、影響力は弱まるものの後述する国際交流組織の国際文化振興会の活動という別の形で残された（第1章第1節第3項参照）。

61 日露戦争の外債は4回募集で総額は８２００万ポンド（8億円）になったが、当初の募集は極めて困難で初回分の半額の５００万ポンドの起債の際に、英国銀行業者は関税収入を抵当にし、英国から人も派遣することを条件にした（１９０４年3月）。これに対し高橋は「一体貴君らが日本と支那とを同一に見ることが間違っている。日本政府は従来外債に対しては元金利払い共に一厘たりとも怠ったことはない（後略）」（『高橋是清自伝』下、中央公論社、1979年、202頁）と反論し説得している。

62　高橋はシャンドのことを「自分は、当時の、パースバンクのロンドン支店の副支配人であったシャンド氏に非常に世話になった。氏がまだ横濱に居た時、自分はそのボーイをしていた關係から、特に其指導力に與ったのであった」と述べている（高橋是清『随想録』、千倉書房、1936（昭和11）年、61頁）。

63　初回分の起債の半額を引き受け、ニューヨーク金融市場で戦費調達ための起債に協力したのがシャンドが紹介したアメリカ在住のユダヤ人銀行家・ジェイコブ・シフであった（前掲書、『高橋是清自伝』下、208頁）。

64　新渡戸は、「丁度自分等が教育を受けた頃の学生は一種変態の教育をうけたもので、国語漢文等は小供の時分に習った限りで、あとは皆外人より直接に、数学・地理・歴史等に至るまで英語で習った。今日漢字の素養が少ないので非常な不便を感じている」と正直に述べている（『恵迪寮史』、北海道帝国大学恵迪寮、1933年）。

65　新渡戸は第1回交換教授として渡米した。タフト大統領と懇談し、アメリカの各界の人と意見交換し、また「排日法」の提出を防ぐためにバートン上院議員の協力を得た（前掲書、『新渡戸稲造』、213~214頁）。

66　新渡戸は、女子教育の必要性を感じていて、東京女子大学だけでなく、札幌農学校の弟子である森本厚吉の求めに応じ、女子経済専門学校（現・新渡戸文化短大）の校長を引き受けた。北海道帝国大学教授をやめ学校経営者になる森本に対し、「君が帝大の教授をやめて専門学校の先生になれば、世間ではそれだけ落ちぶれたように思うだろうが、僕はそれだけ君をみあげるよ」と述べている。尚、東京文化学園は、2008年より、初代校長の名前に因み、校名を新渡戸文化学園に改称した（藤井茂「新渡戸精神を継承した森本厚吉」『東京文化学園の誕生とその精神』。http://www/nitobeubnka .ac.jp）。

67　第一次大戦後、アメリカのウィルソン大統領の提言でつくられた。アメリカ議会の反対で参加できなかったが、5大国の1つとして積極的に活動をした（日本ユネスコ協会連盟編『ユネスコで世界を読む―21世紀にひきつぐ国連の良心』、古今書院、1996年、14頁)。

68 新渡戸は、「国家の勃興し隆盛となるは人種や血の単一なるによると思われぬ。欧州の諸国を見渡しても、如何なる国でも人種的に統一された所は一つもない。故に我々の系図の中に朝鮮人や支那人の入っているのを寧ろ誇りとする時代がくるであろう」と述べている(新渡戸稲造『東西相触れて』、実業之日本、1928(昭和3)年、117頁)。

69 新渡戸は、国際連盟の永続性について、歴史家の友人から国際的組織は短命であると揶揄されたことに対し、国際連盟の仕組みを説明し、1925年のギリシア・ブルガリア紛争への国際連盟の仲介を例に反論、大国間でも話し合いによる解決は可能だと強調した(前掲書、「国際連盟の永続性と其事蹟」『東西相触れて』、281~290頁)。

70 国際知的協力委員会は、1922年に国際連盟の諮問機関として新渡戸が代表幹事となり、ベルクソン、アインシュタイン、ホイジンガ、キュリー夫人等世界の著名人12人が参加し、戦争の心理的原因の研究や文化財の保護をてがけた(前掲書、『ユネスコで世界を読む―21世紀にひきつぐ国連の良心』、14頁)。

71 岩田規久男『昭和恐慌の研究』、東洋経済新報社、2004年、182頁。

72 新渡戸は国際連盟から帰朝後の1932年2月に松山市の新聞記者に「軍国主義が共産主義に劣らぬ危険がある」と述べたことに対し、在郷軍人会が謝罪を強要した(太田雄三『〈太平洋の橋〉としての新渡戸稲造』、98頁)。

73 太田雄三は新渡戸の評価は、満州問題への対応で分かれるとして、アメリカのレイモンド・レスリー・ビュエルが1932年にThe New Republicに発表した「新渡戸博士への公開状」の文章を例にひき、文中に「今日ではあなたは日本による国際連盟規約と不戦条約の蹂躙に無関心であるように見えます」と書かれていると指摘している(太田雄三『〈太平洋の橋〉としての新渡戸稲造』、89~90頁)。
国際連盟から帰朝後に、『東西相触れて』を書き、国際連盟の役割を重視し、説明していた新渡戸が、国際連盟の主張より日本政府の国策を重視したことへの日本の知識人たちの反発があった。

74 新渡戸は「満州駐留の日本軍による軍事行動をひきおこすもとになった、10年以上にわたる多くの挑発的なできごとを十分心得ずに連盟が動いたことは不幸であった」と述べている（前掲書、『新渡戸稲造全集』15巻、238頁）。

75　新渡戸は、日本の教育におけるキリスト教の影響について「私一個人としては、キリスト教宣教師は日本のために教育、ことに道徳教育の領域において偉大なる事業をなしつつあると信ずる―ただし聖書の活動は確実であるが神秘的であってなお神聖なる秘密の中に隠されている。宣教師の事業はなお間接的であるに過ぎない。否、今日までのところキリスト教伝道が新日本の性格形成上貢献したるところはほとんど見られない。否、善かれ悪しかれ吾人を動かしたものは純粋無雑の武士道であった」と述べている（新渡戸稲造『武士道』、矢内原忠雄訳、岩波書店、1938年、151頁）。

76　幣原は、1924年に、加藤高明内閣の外務大臣となり、ワシントン会議の精神を尊重し、対中政策は国際協調を主張、中国に対して、内政不干渉と中国市場の重要性から中国の関税自主権の要求を認める代わりに日本との関税協定では譲歩を求めた。しかし、1926年の中国国民党の北伐開始で中国が政治的不安定になっても内政不干渉を貫いた。軍部や政友会の批判を受け、次の田中内閣では外務大臣に就任しなかったが、日中関係は好転せず、1929年の浜口雄幸内閣で再び、外相に復帰した。しかし、1931年の満州事変に対する処理で、幣原は国際連盟の仲介ではなく、日中間の直接交渉で解決を図ったが成功しなかった（酒井哲也「『英米協調』と『日中提携』」、近代日本研究会編『協調政策の限界―日米関係史・1905～1960年』、山川出版社、1989年、61～81頁）。

77　高橋は石橋湛山（東洋経済主幹）の質問に答えるかたちで、「満州の事は、之も兎角無駄使ひになりたがる。…十分の調査もせずに、無暗に會社を起こすといふような幣があるから、一寸注意をしたのです」と述べている（前掲書、『隋想録』、412頁）。

78　広田内閣で、満州事変の処理のために、外務省は、吉田茂を1934年10月にイギリスに派遣した。イギリスは、これに答え、中国の経済的再建のために日本を含む列国の経済専門家と協力しながら決めるべく、リース・ロス・ミッションを1935年9月、日本に派遣した（前掲論文、「『英米協調』と『日中提携』」、84～85頁）。

79　駐英大使であった松平恒雄大臣は、リース・ロスの再来日をイギリスに要請するように政府の訓令を受け努力したが、２・26事件で頓挫し、松平は１９３６年3月に宮内大臣に転じた（茶谷誠一『昭和天皇側近たちの戦争』、吉川弘文館、２０１０年、１１２～１１３頁）。

80　１９３１年、東京帝大助教授で、学術協力委員会の仕事をしていた団伊能は、恩師の山田三良から世界に向かって日本文化を発信する意義を説かれ、各界の著名人に主旨を話し、近衛元総理、樺山愛輔伯爵等の賛同を得た。外務省も国際文化事業局設立を検討していたこともあり、この主旨に沿い、国際文化振興会の設立準備委員会がつくられ、１９３４年4月に外務省及び文部省の管轄下の財団法人として設立された。初年度の事業費は、外務省が「国際文化局」設立経費として計上した１８０万円が大蔵省に削減された20万円でスタートした。目的は、「国際間文化の交換特に日本及び東方文化の海外宣揚を図り世界文化の進展及び人類福祉の増進に貢献するを以って目的とする」となっている（「国際文化振興会での思い出」、『国際文化』１１８号、１９６４年、20～22頁。芝崎厚士『近代日本と国際文化交流―国際文化振興会の創設と展開』、有信堂、１９９９年、73～74頁、83頁）。

81　その後、文化外交が強調されたのは第二次世界大戦で日本が敗北し、ユネスコ加入をめざした時期であり、三番目が日本の経済成長が鈍化し、小泉内閣が２００５年に文化外交を強調した時期である。

82　芝崎厚士『近代日本と国際文化交流―国際文化振興の創設と展開』１１４頁。

83　近藤は、「文化政策の樹立は、単に当該担当者の部門的課題ではなく、思想的背景の全線的再吟味と統制にある。（中略）文化外交が、単に国際文化といふ外的折衝に止まらず、また同時に国内的関連に於いて戦線的共同体の分科であらねばならぬ」と発言している（近藤春雄「文化外交の思想的背景」（『外交時報』第７６１号、１９３６（昭和11）年8月、２１６頁）。

84　堀田善衛（１９１８年～１９９８年）は、１９４２年から国際文化振興会に勤務し、堀田は、終戦を上海で迎えた。終戦後の上海は、中国共産党と中国国民党がしのぎを削り、堀田は、国民党宣伝部に徴用され、１９４７年に帰国した。中国での苛酷な経験が、堀田に文化交流の眼を開かせることになり、後に中国通として、アジア・アフリカ作家会議で重要な役割を果たすようになった（『堀田善衛全集』14、筑摩書房、１９９４年、４４８～４５０頁）。

85　日本語普及に関する協議会が１９３７年9月から4回開催され、第一回では、外国人に対する日本語教授の経験者を中心に議論され、第二回では、「文化としての日本語」を考えるということで、谷川徹三、長谷川如是閑、和辻哲郎、斉藤茂吉等が呼ばれた。第三回では、サムソンをはじめとする外国人日本研究家から日本語学習の問題点について聞いている（芝崎厚の同書、１３８頁）。

86　芝崎厚士の同書、１８３頁。

87　１９４２年10月に「近代の超克」をテーマに、小林秀雄、西谷啓治、諸井三郎、三好達治、鈴木成高、亀井勝一郎、菊池正士、林房雄、義満義彦、下村寅太郎、中村光夫、津村秀夫、河上徹太郎等の13人で議論が行われた。議論の中で、河上は、「明治の日本の文明といふものが、完璧でない西洋の文化を、われわれはいろいろ素材として受納れ過ぎた。そのため一方から言ふと、明治の文明といふものは不健全な形を現した。だから今それを清算しなくちゃならない」と述べている（「文化総合会議」、『文学界』第九巻十月特別号、文芸春秋、１９４２年10月、87頁）。

参考文献

1．著作

秋枝　蕭子『森有礼とホーレス・マンの比較試論』、梓書院、２００４年
家近　良樹『浦上キリシタン流配事件―キリスト教解禁への道』、吉川弘文館、１９９８年
伊藤　彌彦『維新と人心』、東京大学出版会、１９９９年
井上　勝也『国家と教育―森有礼と新島襄の比較研究』、晃洋書房、２０００年
岩田　規久男『昭和恐慌の研究』、東洋経済新報社、２００４年

梅渓　昇『お雇い外国人―明治日本の脇役達』、講談社、2007年、〈講談社学術文庫〉
大久保　達正監修『松方正義関係文書』、第9巻、大東文化大学、1988年
大久保　利謙監修『新修　森有禮全集』、第1巻、3巻、文泉堂書店、1998年
太田　雄三『〈太平洋の橋〉としての新渡戸稲造』、みすず書房、1986年
『木戸孝允日記』二、東京大学出版会、1967年
近代日本研究会編『協調政策の限界―日米関係史・1905～1960』、山川出版社、1989年
小泉　仰『福澤諭吉の宗教観』、慶応義塾大学出版会、2002年
国学院大学編『井上毅伝　資料編』、第3、国学院大学図書館、1966～1977（昭和41～52）年
斉藤　智郎『井上毅と宗教　明治国家形成と世俗主義』、弘文堂、2006年
篠原　初枝『国際連盟―世界平和への夢と挫折』、中央公論新社、2010年
白井　堯子『福澤諭吉と宣教師達―知られざる明治期の日英関係』、未来社、1999年
芝崎　厚士『近代日本と国際文化交流―国際文化振興会の創設と展開』、有信堂、1999年
高橋　是清『随想録』、千倉書房、1936（昭和11）年
高橋　是清『高橋是清自伝』、下、中央公論社、1979年、〈中公文庫〉
竹内　好編『アジア主義』、筑摩書房、1963年
茶谷　誠一『昭和天皇側近たちの戦争』、吉川弘文館、2010年
土屋　博政『ユニテリアンと福澤諭吉』、慶応大学出版会、2004年
同志社大学人文科学研究所編『アメリカン・ボード宣教師―神戸・大阪・京都ステーションを中心に、1869～1890年』、教文館、2007年
同志社編『新島襄の手紙』、岩波文庫、2005年

南原　繁『南原繁対話　民族と教育』、東京大学出版会、１９６６年
新島襄全集編集委員会編『新島襄全集』、同朋出版、１９８３年
新渡戸　稲造『東西相触れ手』、実業之日本、１９２８（昭和３）年
新渡戸　稲造『武士道』、矢内原忠雄訳、岩波書店、１９３８年
日本ユネスコ協会連盟編『ユネスコで世界を読む―21世紀にひきつぐ国連の良心』、古今書院、１９９６年
林　竹二『林竹二著作集』、第2巻（森有礼）、筑摩書房、１９８６年
ハル・松方・ライシャワー『絹と武士』、広中和歌子訳、文芸春秋、１９８７年
比較思想史研究会編『明治思想家の宗教観』、大蔵出版、１９７５年
平川　祐弘『和魂洋才の系譜』上、平凡社、２００６年
『福澤諭吉全集』、岩波書店、１９６４年
堀田　善衛『堀田善衛全集』、筑摩書房、１９９４年
松隈　俊子『新渡戸稲造』、みすず書房、１９６９年
御厨　貴監修『大隈重信』、ゆまに書房、２００５年
門田　明『カリフォルニアの士魂―薩摩留学生長沢鼎小伝』、本邦書籍、１９８３年
山口　輝臣『明治国家と宗教』、東京大学出版会、１９９９年
山崎　みなこ『岩倉使節団における宗教問題』、思文閣出版、２００６年

２．公文書／書簡

寺島宗則・鮫島尚信宛書簡（国立国会図書館、鮫島尚信・武之助関係文書）

3．紀要／学術論文／報告書／事典

清岡　映一編集・翻訳『慶応義塾の誕生―ハーバード大学よりの新資料―』、慶応義塾、１９８３年

新島襄全集編集委員会編『新島襄全集』月報vi、同朋出版、１９８7年9月

梅花学園編『学校法人梅花学園　１３０周年記念誌―１３０年の歩みと将来の展望』、梅花女子大学、２００7年

『法令全集』、１８６８（明治元）年

北海道大学編『恵迪寮史』、北海道大学、１９３３年

『文部省第二年報』、１８７４（明治7）年

4．雑誌／新聞

『外交時報』７６1号、外務省、１９３６（昭和11）年

『国際文化』１１8号、国際文化振興会、１９６4年

『文学界』第九巻十月特別号、文芸春秋、１９４2年、10月

5．ホームページ

新渡戸文化学園（旧・東京文化学園）：http://www.nitobebunka.ac.jp

第2章　多国間文化外交による国際社会への復帰

第2章の目的

第二次世界大戦後、日本外交には「文化外交」と「経済外交[1]」の2つの流れが存在したにもかかわらず、日本が国際社会から「経済大国」と評価されたために、「文化外交」の重要性が軽視される傾向があった。

文化外交が注目を浴びるきっかけになったのは、アメリカの政治学者であるジョセフ・S・ナイがその著書の中で、ソフト・パワーの概念を説明して、ソフト・パワーの源泉として、文化、政治的価値、外交政策の3つを挙げ、さらに、小泉内閣が文化外交に言及したことによる[2]。

すなわち、文化外交について考察を進めるにあたっては、文化外交を実践したリーダーや文化外交の実際について知る必要がある。

また、文化外交実践のためには文化協力は不可欠である。そこで、文化協力の理念と定義を行い、さらに実践の仕方についても述べることとしたい。

第二次世界大戦後、ユネスコは多国間協議の場として日本の文化外交の舞台となったが[3]、すでに戦前、文化交流と関連の深い人々の中には、文化交流を外交における場としての意義を考えていた者もある[4]。このような経緯から、戦後日本のユネスコ加盟の歴史を取り上げることにする。

文化外交推進の前提は、国民が文化に対する関心を持つことである。それ故、第二次世界大戦後に行われた教育改革における文化教育について検討した。すでに、第1章で明治の教育の欧米化でキリスト教知識人の果たした役割を述べたが、第二次世界大戦後の教育改革でも同様にキリスト教に関心が深いＧＨＱ（連合国最高司令官総司令部）のマッカーサー司令官と日本のキリスト教知識人の影響が大きかったことは看過できない。

また、日本において、極めて短期間に欧米化が達成されたが、国民に欧米化を受容させるための1つの手段として、政府が西洋音楽の伝達と定着を計ったと考えられるので、その内容についても分析を行った。

第1節　文化外交の理念と立案者

第1項　文化外交の理念

前述のジョセフ・S・ナイは、政治理念をハード・パワーとソフト・パワーという2つの概念を用いて、次のように説明する。ハード・パワーとは、文字通り武力に裏打ちされたパワーポリティクスであり、これに対しソフト・パワーとは、強制や報酬ではなく、ソフト・パワーが本源的に内包している魅力により、相手国を納得させ、従わせることである[5]。ナイは、ソフト・パワーの源泉として「文化」「政治的な価値観」「外交政策」を挙げている。

このように、「文化」を国際政治の源泉の1つとすることに異論はないが、こうしたソフト・パワーの威力を熟知しているのは、逆にハード・パワーが悪用された時の弊害を知る人物であろう。例えば、アデナウアーが、第二次世界大戦後の西ドイツの首相としてヨーロッパの融和を説き、EUの原型となったヨーロッパ共同市場の創設に熱意を示したのは[6]、戦前、ケルン市長としてナチスに反旗を翻し、迫害された経験があるからである[7]。

そこで、本稿では、国際文化協力の理念を外交に活用した人物、すなわち、戦争の悲惨さを熟知し、戦争を防ぐために、自国の文化価値を認め、積極的に国際的な文化活動を行った人物として、アンドレ・マルロー（1910年～1976年）と前田多門（1884年～1962年）を取り上げる。両者の共通点は、国際経験が豊富で、ともに第二次世界大戦を経験して「平和」の重要性を知る信念の持ち主であり、その結果、ともにユネスコの活動に理解を持っていたことである。

日本においては、マルローは文化政策の一人者というよりは作家として評価されており、1930年の『王道』で注目されるようになった[8]。マルローは、作家でありながら、考古学的な関心を有し、東南アジアを中心に旅行し、ピカソを育てた画商・カンワイラーに認められ、芸術家との親交を深めていった。第二次世界大戦中は、対独レジスタンスとして「ベルジュ大佐」の偽名を用い、対独レジスタンス闘士として命がけの働きをした。

マルローは、戦後、フランスの再建をになったド・ゴール将軍と出会い、当初は情報担当、その後は文化大臣[9]として、フランスの文化政策のシンボル的存在となった。マルローは、さほど、宗教（キリスト教）には拘泥しなかったが、「騎士道」精神を好み、新渡戸稲造[10]のいう日本の武士道精神に深い共感を示した。マルローは、ド・ゴールのカリスマ性を活用して、フランスにおける文化立国の方向づけを行った[11]。

一方、前田多門は、新渡戸稲造門下のキリスト者で、新渡戸亡き後の新渡戸門下生の中心人物であった。ソフト・パワーを十分に発揮させるための装置として時には「カリスマ性」も必要であったが、日本では新渡戸がその役割を果たしていた。

前田多門といえば、新渡戸の忠実な弟子として捉えることが多いが、それは前田の一面にすぎない。前田は、自伝で述べているように、後藤新平内務大臣の1915（大正4）年に秘書官になり、薫陶を受け、カリスマ性を身につけていった。そして、新渡戸と柳田國男の関係を研究する佐谷真木人によれば、前田は、後藤新平傘下の文人官僚グループの一員に位置づけられている[12]。

前田は、1938年から1941年に戦争で閉館されるまでニューヨークの日本文化会館館長として活躍した。日本文化会館は国際文化振興会（第1章第1節第3項参照）のアメリカに対する宣伝工作の拠点であった[13]。前田はこの活動をつうじ、アメリカに多くの友人を獲得し、第二次世界大戦後の初代文部大臣を務めた際にはGHQとの交渉に役立てた[14]。

このように文化外交は、その理念さえ打ち出されれば実現できるというものではなく、時代背景と文化外交に携わる当事者の実行力に大きく影響されるのである。

第2項　文化外交としてのユネスコ加盟

日本は第二次世界大戦に敗れて日本歴史上初の占領（1945年～1951年）を体験したが、これを文化面から見ると、明治維新の「脱亜入欧」と対照的な「脱亜入米」ともいえる現象が認められる。アメリカの占領軍が持ち込んだアメリカ文化のスポーツや音楽、映画に日本国民は魅了された。これは日本を「民主化」する1つの手段として有効に働いたが、GHQ[15]の占領政策の根本は日本の真の「民主化」であった。

GHQの最高指導者マッカーサーは民主化には日本のキリスト教化[16]が必要と考えていて、事実、多くの牧師[17]がアメリカから送りこまれた。マッカーサーは親子二代[18]にわたり、フィリピン統治に関係したが、フィリピンは長年スペインの統治下にあり、カトリック国であった。これに対し、宗教的伝統の違う日本では、マッカーサーの意図は裏切られたのであるが、その経緯をGHQの民間情報教育局の活動から見てみることにする。

（1）教育改革

日本に1549年にキリスト教宣教師（カトリック）フランシスコ・ザビエルが到来し、一時はカトリックが多くの信者を獲得したが、江戸時代の鎖国とキリスト教禁教令で、布教は断絶された。下がって明治維新後の布教活動は、プロテスタントが中心で、布教対象が知識人中心であったため、キリスト教は一般大衆に浸透しなかった。第二次世界大戦後の「精神的空白期」に広まったのは、現世利益を追求する仏教系の新興宗教であった。

ＧＨＱのキリスト教奨励は、キリスト教普及そのものよりも南原繁をはじめとした日本のキリスト教信者が日本の教育改革の先頭に立つことで力を発揮した。

第二次世界大戦の終結以前に、すでにアメリカでは戦後政策の検討が始まっていて、１９４２年7月に国務省内に、極東班がつくられ、対日占領政策が練られた。この極東班において、戦後も引き続き、主要な役割を果たしたのが、日本に在住していたことがあるＨ・ボートンであった[19]。

Ｈ・ボートンが極東委員会[20]に出席し、「軍政下における教育制度[21]」を検討した結果、これが対日教育政策として決定された[22]。

ボートンは１９４５年12月に、「日本の教育改革起草委員会」事務局のマーチン女史にメモを渡したが、このボートン・メモ[23]が日本の教育制度に関する方針の参考にされた。メモに書かれた基本方針は、現在から見れば、民主主義の基本に忠実で個人を尊重した内容だが、当時の日本にとっては、国家主義的教育に対する大改革であった。

ボートンは、１９４６年3月に来日すると、ＧＨＱの民間情報局の教育課長のマーク・オア大佐から意見を聴取したが、この時オア大佐は、教育改革を実行する際に勧告の対象となる日本側の人脈に言及した[24]。その人脈の中に、南原繁東大総長が含まれていることにボートンは満足したという[25]。

南原は新渡戸稲造門下[26]の熱心なキリスト教信者で、宗教の重要性を認識し、「国家と宗教[27]」を研究対象にしていたので、南原にとって教育改革はふさわしいテーマであった。彼は、１９４５年12月に東京大学総長に就任し、翌46年3月、アメリカ教育施設団が来日した時は、日本側の教育委員、後に教育刷新委員[28]になり、その後、戦前の教育勅語に代わる教育基本法制定[29]に関わった。

南原は、「人格の完成、国家社会への義務責任、奉仕をうたい、そして真理と正義の普遍的価値をかかげた教育基本法は、新憲法において天皇主権から人民主権へ変わったことと相まって、根本的に変わった日本の精神革命というべきではないかと思う」と述べている[30]。

教育基本法が制定され日本の民主化が進むと、教育や文化についての取り組みは、ユネスコ加盟への道[31]につながっていった。その一方で、その後、「信教の自由」を理由に、日本政府が公教育における宗教教育を語ることはなかった。

（2）ユネスコ加盟へ

日本の国際社会への復帰のあしがかりは、１９５１年のユネスコ加盟であり、ユネスコ加盟の運動は、戦後の日本を文化で復興させたいと考えた官民双方の努力の結果であった。

ユネスコ民間運動の父と呼ばれている上田康一[32]（１９１１年～１９９３年）は、外交官として終戦時に上海の日本大使館に勤務し、帰国後に仙台の終戦連絡事務所に配置された。新聞でユネスコの誕生と組織の理念を知って、日本におけるユネスコ協力キャンペーンを思いつき、部下の榛葉英にもちかけ、同意を得た上で大江晃東北連絡事務局長の賛同を得て活動を開始した[33]。上田は、政府が表立った活動をするより民間が活動するほうがよいと考え、１９４７年6月に東北帝国大学の学者を中心とする世界初の民間団体、仙台ユネスコ協力会（会長：佐武安太郎東北帝大総長）を誕生させた。

その後、各地に民間ユネスコ協会[34]ができ、その流れが加速したのは、内閣の迅速な対応があったからである[35]。

1948年4月、内閣に直属する教育刷新会議が、ユネスコへの参加と文部省におけるユネスコ中央機関の設置を、吉田首相に建議した。この原案を作成したのは、GHQのボートンと親しく、第二次世界大戦前に国際連盟に在勤した澤田節蔵元ブラジル大使[36]であった。しかし、この「ユネスコ中央機関」設置の澤田提案はGHQによって拒否された。GHQは当初、日本のユネスコ加盟を日本の外交手段の獲得方法としての組織的活動と理解しておらず、各地で起こった自主的活動と考え対応していたので、澤田提案に対し、規模縮小を求めたのである。

このように日本のユネスコ加盟は、前途多難が予想されたのであるが、実際には日本側の熱意とGHQの一部の理解者の呼応の結果、比較的平坦な道程を辿ることになる。

ユネスコ加盟運動が地方から出発したために、GHQ本部の対応と各地のGHQ・軍政部の対応はまちまちであった[37]。GHQの対応が変化したのは、中央の民間情報教育局のオア教育課長の耳に達してからである。

オア教育課長は日本人顧問・春木猛の協力を得て、日本のユネスコ運動に関する詳細な調査を実施した[38]。オア教育課長自ら1948年4月の東京ユネスコ協力会の創立大会に出席し、5月に、「文化面における日本の方向転換に資するものである」として、ユネスコ視察代表の受け入れをGHQ上層部に進言したのであった。

日本政府は、国際社会への復帰を目標に、ユネスコ加盟運動を継続して行ったが、これに呼応する形で民間のユネスコ運動も拡大した。さらに、日本政府幹部がユネスコ加盟に文化国家実現の理想を託していたことが、運動を頓挫させることなく成功に導いたと思われる[39]。また、この幹部たちが国際的な新渡戸人脈につらなり、そのGHQ民間情報局の重要人物が信頼をよせていたことが大きな力となった。加えて、日本国民が、「平和で文化的な生活」を実現するためにはユネスコ加盟が必要であると判断し、加盟を求める国民運動は大きな広がりを見せた。

このような情勢を背景にしつつ、日本側の予想を上回る速さで、ユネスコ加盟を実現できたのは、国際情勢の変化にあった。すなわち、1950年6月に朝鮮戦争が始まり、日本は朝鮮戦争の後方支援基地となり、アメリカ軍にとって、日本の政情安定は不可欠となった。そこで日本の国民感情に配慮する必要から、GHQは日本のユネスコ加盟に対する慎重姿勢から容認する方向へ政策を転換した[40]。

さらに、日本はユネスコ加盟以降、文化に関わる外交を行い、外交の対象範囲を広げ、地道に努力を積み重ねて実績を積み上げていった。具体的には、1972年の国際交流基金の設立をきっかけに国際文化交流活動が活発化し、1975年には外務省の文化無償事業が開始された。尚、民間では、後に日本の民間文化交流の一翼を担うことになるトヨタ財団が1974年に設立された。1978年12月に成立した大平内閣は、施政方針演説[41]で、文化重視を明確にし、日中相互理解の一環として中国における日本語教育を開始した。この事業は現在、日中双方から高く評価されている[42]。1983年には、中曽根首相のアセアン諸国歴訪に基づき、留学生10万人受け入れ構想が発表され、その後の日本の留学生政策に道筋がつけられた[43]。1989年には、竹下首相が国際交流基金の活動基盤強化を唱え、国際交流基金の役割が注目されるようになった[44]。国際交流基金の活動については、第4章で分析する。

第3項　欧米化受容のための音楽教育

上述のように、日本は、第二次世界大戦後に、まだ連合国の占領下であるにもかかわらず、ユネスコ協力キャンペーンを立案し、最終的にユネスコ加盟にこぎつけた。その理由について考えれば、外交における文化の役割を知識人が知っていただけでなく、国民がユネスコに対し、西欧的な洗練されたイメージを持つと同時に、一種の平和運動と理解をして、応援したからである。明治維新後、政府は、国民に欧米文化になじませるために、芸術教育、特に音楽教育に関しては、西洋音楽を取り入れ、日本に定着させることを1つの目標にしたことがある。

その背景には、日本の洋楽の更始は、幕末の官軍の鼓笛隊であった。しかし、日本が近代化したことを欧米に知らしめるためには、鹿鳴館のようなサロン文化が必要であり、そのサロンの必需品たる「ピアノ」を当時の日本の上流階級に普及させる必要があった。以下、ピアノ教育に焦点をあて、その経緯を見てみよう。

音楽教育の新知識を学び、日本に伝達できたのは、欧米に留学した人たちのたまものであり、当時は、このことを「洋行」と呼んでいた[45]。女子学生として初めて5人の女子学生が洋行したが、これを提案したのは黒田清隆であった。黒田は、明治維新後の北海道開拓に先鞭をつけた人物であるが、北海道開拓には人材育成が重要と考え、なかでも女子教育を重視し、北海道開拓使は5人の女子留学生の派遣を下記の如く申請し、許可された[46]。

（前略）唯今ヨリ人材教育ニ注意イタシ候儀最第一ト奉存候ニ付既ニ先頃己未追々人物相撰歐亜諸列へ数人留学生徒差出シ置候此度幼稚ノ女子相撰歐亜ノ内へ留学トシテ差出シ申度尤學費等ノ儀ハ定額ノ内ヲ以取計可申候間此段相伺候也

派遣された女子留学生の永井繁子（1861年〜1928年）は、1871年11月に岩倉使節団に引率され、アメリカに留学した5人の女子留学生の内の1人で、ピアノ教育を日本に導入した人物である。5人の女子留学生とは、永井繁子・山川捨松・津田梅子・吉益亮子・上田悌子のことで、吉益と上田は現地で病を得て帰国した。最年少（8歳）で留学した津田は、ワシントンのアーチャー・インスティテュートで学び、永井繁子は山川捨松とともにヴァッサー・カレッジに1878年9月に入学した。永井は音楽科、山川は本科（一般教養）に入学した。永井は、クラシック音楽の勉強に励み、学内の演奏会でピアノ演奏の腕をみがき、1881年の卒業演奏では、ショパンの『華麗なるワルツ変イ長調、作品34‐1』を演奏した[47]。

永井繁子と日本の音楽教育の関わりを述べるためには、後に初代・東京音楽学校の校長となった伊澤修二（1840年～1917年）の役割について述べなければならない。

伊澤は、高遠藩出身で、貢進生として大学南校に学び、第一番中学幹事に選ばれ、文部省に出仕し、1874年に愛知師範学校校長になった。

師範学校における教育の成果として、1875年2月に文部大輔田中不二麿に「愛知師範学校年報」を提出した。その年報の中には、後に注目されることになる唱歌遊戯について、下記の如く記述されている[48]。

唱歌嬉戯ヲ興スノ件

唱歌ノ益タルヤ大ナリ第一知覚ヲ活発ニシテ精神ヲ快楽ニス第二人心ニ感動力ヲ発セシメ第三発音ヲ正シ呼法ヲ調フ以上ハ幼生教育上唱歌ノ必欠ク可ラサル要旨ノ概略ヲ挙クルノミ其細目ノ如キハ喋喋此ニ弁セス我文部省早ク此ニ見アリテ小学教科中唱歌ヲ戴スト雖トモ未タ実ニ其科ヲ備フルモノアラス今吾輩西洋ニ於テ著名ナル教育士フレーベル氏其他諸氏ノ論説ニ従ヒ先本邦固有ノ童謡ヲ折衷シテ二三ノ小謡ヲ制シ日ヲ累子年ヲ積テ大成全備ノ効ヲ奏センコトヲ期セリ

彼はその後、本格的に師範教育について学ぶために、文部省の留学生として1875年に高嶺秀夫、神津専三郎等とともにアメリカに留学し、ブリッジウォーター師範学校で学んだ。伊澤は、明治維新前は高遠藩の藩士で、鼓笛隊の一員として音楽に関心が深かったにもかかわらず、アメリカの師範学校の唱歌の授業では、日本音階と異なる西洋音階を習得することに苦労した。

そこで、唱歌を習得するためにルーサル・W・メーソンについて学び、グレアム・ベルには英語の発音の矯正より音声生理学（視話法）にいたるまでの指導を受け、ようやく西洋音楽を理解できるようになった[49]。伊澤が日本の学校教育に唱歌教育を持ち込むことを主張した理由は、奥中康人が指摘したように、「視話法が、英語普及のための道具ではなかったように、メーソンの唱歌教授のメソッドは、必ずしも西洋音楽を普及するための道具ではなかった。日本のさまざまな声の文化を均質化、標準化して、それまでにまったく存在していなかった、全国民が同じメロディで声をあわせて歌うためのメソッドなのである[50]」、すなわち、小学校唱歌の授業を通して日本人としての新たなアイデンティティの確立を図るためであったと考えられる。

伊澤が学び、頼りにしたメーソンは、お雇い外国人として１８８０年に来日した。契約書の内容は下記の通りである[51]。

文部省於テ米人ルーサル、ホワイチング、メーソン氏傭入之儀上申文部省於テ音樂取調之見込有り之候ニ付豫テ米國へ右教師招傭之儀囑託及置候処這回米國人ルーサル、ホワイチング、メーソン氏来着候ニ付本日二日ヨリ来明治十五年三月一日迠向ニケ年間月給金貳百五拾圓ヲ以テ傭入候此段上申候也

明治十三年三月十日

文部卿河野敏鎌

太政大臣　三條實美殿

メーソンの契約書には、音楽取調掛への赴任について書かれているのみで、具体的な内容を伺うことはで

きないが、伊澤の報告書に詳しく述べられている[52]。1881年1月、事務大要の改正を文部卿福岡孝弟に提出したもので、提言内容は、1884年の音楽取調成績申報書に明記され、メーソンの役割を具体的に示している[53]。

第1　諸種ノ楽曲ノ取調ノ事
第2　学校唱歌ノ事
第3　高等音楽ノ事
第4　各種ノ楽曲選定ノ事
第5　俗曲改定ノ事
第6　音楽伝習ノ事

事務大要の第2で唱歌とメーソンの役割を次のように示している。

本邦人ノ作ニ出タル樂譜ハメーソン氏若シクハ他ノ西洋人ニ托シ其和聲ヲ作ラシメザル可ラズ是レ此和聲ノ事タル頗ル高尚ノ學科ニ屬シ今日我音樂家ノ未ダ為シ能ハザル所ノモノナリ

第5の俗曲改定では、俗曲の世間への悪影響に対する懸念があると次のように示している。

俗曲ハ我民樂ナリ故ニ此曲ノ正否ハ世教ニ影響ヲ及ボス事少カラザレバ宜ク改良ノ途ヲ求ムベシ

第6の音楽伝習で、音楽教育におけるピアノ（洋琴）の重要性を明確にし、次のように示している。

洋琴ノ練習ハ將来彼我雅俗何レノ音樂ノ基礎トモ稱スベキモノナレバ當掛傳習人必修ノ科目ト定ムベシ

メーソンは、事務大要に書かれた内容に沿い、西洋音楽の普及は、唱歌指導が重要と考え、東京師範附属小学校と東京女子師範附属小学校で唱歌を指導した。伊澤が音楽取調掛長となった1881年、その年に帰国した永井は、1882年から洋琴（ピアノ）教師として採用された。なお、永井はピアノ教師としての技量をみこまれ、東京女子師範[54]でもピアノを教えることになった。

ピアノは、日本の近代化とともに発達し、20世紀末には大量生産も可能になったが、ピアノ教育が開始された当初は、大変高価で、個人で購入することは不可能であった[55]。

また、仮に親が資産家で、高価なピアノを購入できたとしても、親が国内でピアノ演奏を聴く機会が少なく、ピアノに関心がなく、子供にピアノを習わせる環境が整っていなかった。つまり、ピアノを幼少から学ぶことができた人は、家族で欧米に長期滞在して、親や家族でピアノ演奏会を鑑賞し、ピアノに理解がある家庭に限られがちであった。後述する藤田晴子は、父親が家族を帯同してドイツ留学し、帰国後、娘にドイツ語を忘れさせないために12歳からドイツ語でレッスンをすることが条件で、レオ・シロタ先生から指導を受けた[56]。後に、藤田と同門になった筆者の母も両親、兄弟とイギリスに長期滞在していた。

嘱望されてピアノ教師になった永井であったが、アメリカのアナポリス海軍兵学校に留学していた瓜生外吉[57]と1882年に結婚すると、ピアノ教師だけでなく、鹿鳴館の社交の場に出ざるを得なくなった。すなわち、日本の近代化を象徴するための社交場として東京に建てられた鹿鳴館に、大山巌夫人となった山川捨松とともに夫婦で参加し、ピアノ伴奏をすることになった[58]。

永井は、１９０２年に20年にわたるピアノ教師生活を終え家庭人となった。教師としての成果は、熱心な指導で幸田延をはじめ、優秀なピアニストを育てたことにある。永井は、退職後は、夫とともに日米親善に努めた。

特に１９２１年のワシントン軍縮条約により、日本の艦船に制限が加えられて、対米国民感情が悪化すると、政府の要請を受け、瓜生外吉海軍大将は東京で１９２２年にアナポリス海軍兵学校の同期会を開催したが、その際には、夫婦でアメリカ軍人の対日感情の悪化を和らげる努力をした[59]。また、作家の幸田露伴の妹であり、日本のクラシック音楽界の基礎を築いた幸田延（１８７０年～１９４６年）を育てたことでも知られている。

幸田延が西洋音楽としてピアノを習い始めた契機は、幸田が東京女子師範附属小学校に通学し、メーソンからピアノを習うことを勧められ、１８８２年に音楽取調掛の伝習生になったことである。永井は、伝習生に対し、週9時間のピアノ・レッスンを行い、生徒のピアノの技量を高めるよう心がけた。

１８８５年7月に音楽取調掛設置以来、最初の卒業生として、幸田延、遠山甲子、市川道の3人が卒業した。幸田は卒業演奏で、ウェーバー作曲『舞踏への招待』のピアノ独奏をし、卒業式には、来賓として森有礼文部大臣が祝辞を述べた[60]。

その後、幸田は音楽取調掛に教師として残り、１８８７年に音楽取調掛が東京音楽学校に昇格後も引き続き、教師として生徒を指導した。彼女は、１８８９年4月に第1回文部省音楽留学生としてアメリカ・ボストンのニューイングランド音楽院に留学した。１８９０年4月に一時帰国し、再度、オーストリアへ留学し、ウィーン音楽院に入学した。そして、１８９５年にウィーン音楽院を卒業し、11月に帰国、東京音楽学校の教授となった。さらに、留学の成果として、１８９６年に、帰朝演奏会を行い世間の注目を集めた。

また、幸田は、教師として声楽家の三浦環や作曲家の滝廉太郎等日本を代表する音楽家を育成した。しかし、幸田の活躍を周囲が必ずしも歓迎していたわけではなく、羨望から新聞等の媒体を利用した中傷が行われた[61]。

幸田は、1909年に休職し、ヨーロッパを旅行したのち、1910年に帰国すると翌年から自宅で、趣味でピアノを学ぶ子女を対象にした教室を開いた。幸田を慕う多くの子女が門をたたき、弟子の発表会（審声会）は隆盛を極めるようになった[62]。当時日本には、ピアノの演奏会を行える音楽ホールが少なく、幸田の自宅に併設する音楽ホールで、著名な音楽家の演奏会が開かれた[63]。

このような幸田の地道な努力が実り、日本人の西洋音楽への関心が深まると、東京音楽学校も音楽教育だけでなく優秀な演奏家を招聘する必要がでてきた。

1930年代になるとヨーロッパ情勢が急変し、ドイツでは次第にユダヤ人が迫害されるようになり、多くのユダヤ人演奏家がドイツを離れ、日本やアメリカに向かった。そのなかに著名なピアニストのレオ・シロタ（1885年～1965年）がおり、シロタは、1931年に東京音楽学校教授となった[64]。

シロタは1944年まで、東京音楽学校で学生を指導し、豊増昇、永井進、水谷達夫等優秀な音楽教育者を育て、同時に、個人レッスンでも多くの演奏家を育てた。そのなかに、ピアニストから研究者になった藤田晴子もいた[65]。また、シロタはウィーンと同様に日本でも数多くの演奏会を行い、1936年12月に日本青年館で行われたリスト生誕125年記念演奏会は有名であった。

シロタには一人娘・ベアテ（1923年～2012年）がおり、娘の希望で、1939年にアメリカに留学させた。ベアテは、アメリカ国籍をとり、サンフランシスコのミルズ・カレッジで学び、1943年に最優秀で卒業するとアメリカ政府の戦争情報局に勤めた。1945年にベアテは、両親の住む日本にGHQのスタッフとして来日すると、民政局に配置され、ケーディス大佐のもとで、日本国憲法草案づくりの運営委員会に参加した。彼女は、女性の地位向上や社会保障関係の文言を作成し、その一部は、児童の権利として憲法第27条3項の「児童はこれを酷使してはならない」という児童の権利を定めた文言に残されている[66]。

ベアテが第二次大戦直後の日本で活躍できた背景には、父・シロタ教授が長い年月をかけて日本でつくりあげた人脈が役立ったことはいうまでもない。

戦後の日本において、国民は、日常生活を営むのに精一杯であり、芸術を楽しむ余裕がなかった。しかし、日本が経済成長を達成するにつれ、しだいに中流生活を営むことが目標になり、親は、豊かさの象徴としてピアノを購入し、子どもの情操教育としてピアノを習わせることを望むようになった[67]。

日本の戦後世代としてピアノ教育を受けたのが、前述の藤田晴子も注目した内田光子（１９４８年〜）である。内田は、日本のなかでも、初等教育の内から音楽教育が熱心に行われていたお茶の水女子大学附属小学校に入学し、ピアノの個人レッスンを受けていたが、外交官である父親の内田藤雄がオーストリアに赴任するのを機会に、オーストリアに留学することを決め、ヨーロッパを中心に活躍する国際的ピアニストになった[68]。

日本は、永井がピアノ演奏を紹介した時代から３世代かけて、欧米と同等の音楽演奏レベルに達し、音楽を通して世界と交流を深めるようになったのである。

第2節　理念としての文化協力の定義

第1項　文化協力の定義

国際連合教育科学文化機関（ユネスコ）の「国際文化協力の諸原則に関する宣言」（14 C決議8・1）は第4条に「各種形態の国際文化協力の諸目的は、2国間のものでも多国間のものでも、また地域のものでも、つぎに掲げるものでなければいけない」として5項目を挙げ、（4）で「文化生活を豊にすることに貢献することができるようにすること」、（5）では「世界のあらゆるところにおける人間の精神的・物質的生活の水準を向上させること」とし、第5条では、「文化協力は、すべての人民及びすべての国民にとっての権利であるとともに、義務であり、各人民・各国家は、互いに知識と技術を分け合わなければならない」としている。第6条では、「国際協力は、その恩恵的措置をつうじてすべての文化を豊にするように振興する場合においても、おのおの特質を尊重しなければならない」としている[69]。

この条文からわかるように、各人民・各国家は、文化権の存在を認め、相互に協力して「知識と技術を分け与えるが、当該国のアイデンティティ（存在を明確にするための独自性ならびに、固有性）を尊重することが求められている。すなわち、相互協力のためには「相互理解」が必要であり、文化協力には知識と技術、言いかえれば、文化に関わる専門性が求められている」。また、アイデンティティを維持するためには文化侵略を阻止し、文化財の盗掘や不正売買を禁止する法律の施行をしなければならない。したがって、文化協力（国際文化協力）は、国際協力の一分野で、「文化権を認め、文化の保全や振興」に関わる国境を越えた協力と捉えることができよう。

第２項　文化の多様性

世界の多くの国や地域で文化をめぐる争いが起こっており、一向に収束しそうにないのは、多様性が人間のアイデンティティの本質であるからである。したがって、こうした紛争を防止するには、文化の多様性を認めることから始める必要がある。ユネスコは、１９４５年11月に成立されて以来、こうした文化の多様性の概念形成に主導的役割を果たしてきた。

「ユネスコによる文化の多様性に関する宣言[70]」を服部英二（ユネスコ局長官房・特別参与）の説明[71]をもとに解説してみたい。

①１９４５年ロンドンで採択されたユネスコ憲章

国家主権の保持について、「それぞれの教育制度、それぞれの文化の安全性、豊かな多様性を確保する」としている。

②１９４７年～

初代事務局長ジュリアン・ハクスレーは１９４７年の事務局長報告の中で「人類の経験の差異が紛争の種となりうる」と指摘、画一化と無理解の中間に「多様性の中の統一性」を提唱した。

③１９６０年～70年代

アフリカ等の旧植民地が続々と独立した年代である。また、ユネスコが当初の「知的協力」の軸に「開発援助」の軸を加えた時代でもあった。

１９６６年のユネスコ20周年のユネスコ総会で「国際文化協力原則に関する宣言」を採択した。ここでは万人が自らの文化のみならず如何なる民族の文化も享受できることの大切さが説かれ、「人類の共有遺産」の概念が浮上した。

１９６０年代初頭からユネスコが行ったエジプト、ヌビア神殿の救済はこの新理念の具現化であり、このことが文化財救済事業のきっかけになり、１９７２年採択の「世界遺産条約」の起源となる。

④１９８２年～

１９８２年メキシコ・シティーで開かれた文化に関する世界会議でメキシコ宣言が採択され、文化が普遍（基本的人権等）と特殊（信仰、生活様式等）を同時に内包することが指摘され、「世界公民」という概念が出現した。これは国際的愛国心と訳しうるもので、自己の文化に根ざしながらも人類に属するものとしての義務を負うとの認識に立ったものである。

⑤１９９０年～

ユネスコのフェデリコ・マイヨール事務局長は「戦争の文化」に対する「平和の文化」を提唱し、「文化間の対話」がユネスコの主要なテーマであるとした。一方、サミュエル・ハンチントンが彼の「文明の衝突」と題する論文の中で、世界には西欧文明とは根本的に異なる多くの文明[72]が互いに分立・対峙すると説いたのも１９９３年である。

⑥１９９６年～

現在世界は、多民族、多文化、多宗教社会で成り立っており、それ故に紛争が続発している。例えばアフガニスタン紛争の最中の２００１年3月にバーミヤンの2大仏像がタリバーンによって破壊された。この原因はタリバーン政権と国際社会との対立ともいえる。このことは、文化の多様性を認めることが人類の貴重な財産を守ることにつながるということを認識させ、その結果、２００１年10月に「文化の多様性に関する世界宣言」がユネスコ総会で採択された。このことが、その後の「文化的表現の多様性の保護および促進に関する条約」につながっていく。

上記の「文化の多様性に関する世界宣言」は12条からなり、第５条で、「基本的人権としての文化への権利こそ、文化の多様性を保障するものである」としている。第７条から９条において文化の多様性と創造性の関係に触れ、10条から12条で文化の多様性を擁護するための「国際協力」の重要性を述べている。この宣言を発展させたものが２００５年10月20日、第32回ユネスコ総会で採択された「文化的表現の多様性の保護および促進に関する条約」である。

この条約の意義は、世界中に影響を与える米国ハリウッドの「エンターテインメント産業」から各国の文化アイデンティティを守ったということで評価されている。国際法研究者の河野俊行も、上記の条約を日本の立場から「この条約の目的とする文化多様性は、外国文化を取り込みつつ固有文化を発展させてきたわが国の文化のあり方そのものともいえ、趣旨として大いに賛同すべきものである。また文化外交の武器ともなる（後略）」と述べている[73]。

第3節　文化協力の目的

文化協力の前提となる異文化理解を支えるアイデンティティは、多くの場合、各民族や各地域の伝統文化に帰属している。

アメリカの政治学者のジョセフ・S・ナイは、第1章第1節第1項で述べたようにハード・パワー、ソフト・パワーという概念で、政治を説いている。ハード・パワーは、文字どおり武力に裏打ちされたパワーポリティクスであるが、これに対しソフト・パワーの源泉として「文化」「政治的な価値観」「外交政策」、の3つ[74]を挙げている。

従来から日本はソフト・パワーを活用できる人材や専門家を輩出してきた。政治的には、国際連盟の設立後、国際連盟の諮問機関として1922年にユネスコの前身ともいうべき国際知的交流委員会がつくられ、前述したように新渡戸稲造が国際連盟事務局次長に就任した。彼は、次長として第一次世界大戦における戦争の心理的原因の研究や文化財の保護等に積極的に関わった。新渡戸は『武士道』の著者であるとともに教育者として多くの人材を育てた。日本が敗戦後、ユネスコに早期加入できた理由の1つは新渡戸門下の人材の関与があったためとも言われている。

文化協力で大きな成果をあげるためには、計画の全体像をみわたせ、組織の運営をたくみにこなせるリーダーの存在が欠かせない。カンボジア遺跡保存における石澤良昭（上智大学学長）や松浦晃一郎（ユネスコ第8代事務局長）等はその好例である。

カンボジア和平過程の経緯及び日本の貢献については、次章で詳しく述べるが、今川幸男（元カンボジア大使）は、日仏文化協力の実例としてアンコールワット遺跡修復[75]を挙げている。１９９２年3月15日、国連事務総長特別代表明石康がプノンペンに着任して、「国連カンボジア暫定統治機構」による平和維持活動が1年半にわたって実施された。一方、こうした外交交渉やＰＫＯと並行して、文化のソフト・パワーの部分で文化協力も行われた。１９９３年3月30日、在カンボジア・ユネスコ代表部で、今川駐カンボジア日本大使とコスト駐カンボジア仏大使が共同議長となって、アンコールワット遺跡の保存修復のための国際委員会をたちあげた。これが実現できたのは、すでに下記のような実績が日本にあったからである。

すなわち、上智大学の石澤良昭教授はカンボジア内戦中の１９８０年に遺跡保護の応急工事を行い、その後も活動を継続した。それだけでなく、遺跡修復事業を行えるカンボジア人技術者を養成すべく、プノンペン芸術大学の学生から選抜し、１９９１年から現場実習を行い、１９９４年からは奈良国立文化財研究所で研修を受けさせる等して人材を養成し、世界から高い評価を受けている。

１９９９年には第8代ユネスコ事務局長に松浦晃一郎が選任された。松浦事務局長は、ユネスコの行政改革を行って事務局の効率化を図り、１９８４年にユネスコを脱退したアメリカを２００３年には復帰させただけでなく、人類共通の宝である文化財の保護に注力し、従来なおざりにされてきた無形の文化遺産（伝統的な舞踊、音楽、儀式等）の保護を進め、無形文化遺産保護条約を作成し、２００３年10月のユネスコ総会で採択する等のリーダーシップを発揮した。

第4節　実践手段と実務者養成

第1項　多文化社会の文化協力の実践手段としてのミュージアムの役割

日本は、第二次世界大戦後、産業立国の方針の下に、旺盛な貿易を行い人的交流も盛んになったが、日本独自の就業体制（年功序列、終身雇用制等）と厳しい入国管理制度の影響で外国からの人口流入は少なかった。しかし、1995年から10年を越える不況とデフレ経済を体験し、就業制度が見直され、次第に海外からの就業者が増え、定住者が増加するにつれ、日本は部分的にではあるが、多文化社会に向かっており、欧米先進国の例を見ても明らかなようにこの傾向はますます強まると思われる。

しかし、海外から来日する子供たちがより日本文化に感覚的に理解できる施設としてミュージアムの役割が重要であると考えられるものの、従来のミュージアムは、主として日本人来館者本位のものに偏っていたきらいがある[76]。

また、来館者が、ミュージアムの利用頻度を高め、ミュージアムの価値を理解するためには、常設展の作品解説や美術品制作に関わるワークショップに、学童や生徒だけでなく成人も積極的に参加する機会を増やすことが必要であろう[77]。

因みに、筆者が体験した好例として、ニュージランド南島のスコットランド人が入植したダニーデン市の開拓者博物館（1898年設立）を実例として挙げたい。ここでは、植民第1世代の子孫が解説ボランティアとして自分たちの家族史の説明をニュージランド立国の歴史の中におりまぜて解説を行い、みずからのアイデンティティを明確にするとともに、入館者はニュージランド社会のなりたちを容易に理解できる仕組みになっている。

第2項　実務者養成

国際化が進んでも、世界は1つの国になりえない。グローバル化と少子高齢化は、日本に積極的な海外技術者の受け入れを促した。その結果、自分たちが勤める職場の同僚が外国人であったり、地域社会の隣人に外国人が増えることになった。このことは必然的に異文化理解の必要性と文化協力の重要性の再認識につながるが、この問題を解決するには、他の国際協力と同様に実務者養成が急務となる。

文化協力の実務者[78]は、文化協力の目的に沿って協力することが最善であると思われる。国立民族学博物館[79]や文化財研究所は、すでに海外からの学芸員や修復家の研修の受け入れに熱心に取り組んでいる。文化協力に関わる人材を増やすためには、今後は、大学においても大学博物館[80]の施設を利用し、海外の大学博物館と相互交流することも考える必要がある。

また、欧米のミュージアムではミュージアムの教育普及活動をするエデュケーターが職種として成り立っており、今後日本でもエデュケーターの役割に注目する必要がある。

日本では、多くの博物館・美術館で、学芸員がエデュケーターの業務を兼任しているが、金沢21世紀美術館[81]や埼玉県立近代博物館[82]等では、エデュケーターを擁し、教育普及活動に取り組んでいる。さらに博物館教育がより一層の効果をあげるためには、学校やミュージアムに期待するだけでなく、家庭の応援態勢[83]も重要である。

もし、地域住民の要望を取り入れて、全国各地の大学博物館を地域に開かれた存在にするならば、大学と地域社会の関わりを説明するために、地元民の中からエデュケーターを養成し、大学博物館に配置することが検討課題になるであろう。

第5節　文化外交と文化施設

文化外交については第2章第2節第3項で説明したようにソフト・パワーを重視するものであり、ソフト・パワーの源泉は、「文化」「政治的価値観」「外交政策」である。文化外交と文化政策の関連は、文化政策に国が力を入れることで、外交政策における文化の位置づけが高まり、文化外交を円滑に遂行できるようになることにある[84]。

文化政策は、本来は政治学の分野と密接であるはずだが、どちらかといえば、芸術・文化を専門にする人たちにより研究され、文化施設の活用についてアート・マネジメントの分野で捉え、外交について研究する施設として活用することを強調してこなかったように思われる。

およそ国際関係の研究に携わる者は、外務省の記録や政治家の業績を外務省外交資料館、国立公文書館や国会図書館憲政資料室等を活用して調査をしている[85]。専門家や研究者の文化施設の活用は十分に行われていると思われるが、文化外交に多くの人の理解を深めるためには、より身近な場所で、一般の人や青少年が、文化交流や文化外交に足跡を残した人たちの業績を読んだり、展示品を見たりすることが近道になると考える。そのためには既存の文化施設で閲覧者や来館者にアドバイスをする司書や学芸員の役割が重要であるし、活用方法を知っておく必要がある[86]。

新渡戸稲造は、東京都小石川区（現・文京区）に１９００年から１９３３年まで在住し、その間の１９２０年から１９２７年まで国際連盟の事務局次長として活躍した。旧居前に、１９８４年に文京区教育委員会が新渡戸の事蹟表示板を立てた。筆者は、新渡戸稲造の旧居跡の近くで成育したので、近隣の長老等から新渡戸のことを聞いて知っていたが、登校していた区立の小・中学学校の社会の授業で習った記憶がない。

現在、区立中学では１・２年生で、歴史の授業を行い、２００６年に文京区では東京書籍の教科書を採用している。教科書の中で、新渡戸の業績について触れており、また、文京区として提供している副読本（わがまち文京）の中でも文京ゆかりの文人たちという地図を掲載し、その内に新渡戸も含めている[87]。

２００２年12月に、著者は文京区立・茗台中学で総合学習の授業内容について聞き取り調査を行った。３年生は、異文化理解のために、大使館を訪問したり、新聞社で、新聞記事のつくりかたについて学んでいることが判明した。総合学習については、区の学校教育指導室の指導のもとに行われており、通常の歴史の授業と関連づけられておらず、教科書に新渡戸のことが書かれていても、新渡戸稲造について生徒たちは、調査をしていなかった。文部科学省の中学校学習指導要領解説（社会編）で、第一次世界大戦の背景とその影響、民族運動の高まりと国際協調の動きの項目で、国際連盟について取り扱うよう示唆しており[88]、国際連盟と日本の関わりで新渡戸の役割は重要であるから調査の対象とするべきだと筆者は考える。

２０００年に導入され、２００２年から本格的に開始された総合学習は、中学では年間70時間行われる。総合学習の成果をあげるためには、通常の教育と別のものと考えるのではなく、通常の教室の授業では行えない課題を学習する校外学習の一環として位置づけるべきであろう。

もし、文京区の区立図書館に文京区在住の住民や生徒から新渡戸について問い合わせがあった場合、８つの区立図書館の内のいずれかに新渡戸に関わる資料を集中させ、新渡戸の業績や新渡戸の影響で後に設立された国際文化会館[89]のことを説明できる態勢を整えておくことが望ましいと思われる。

新渡戸が書いた『武士道』は翻訳され、アメリカだけでなく、海外では新渡戸に対する関心は深いが、日本国内では知名度はそれほど高くない。新渡戸の知名度を日本国内で高めるためには、生誕地の盛岡だけでなく、新渡戸が長年在住した文京区が寄与する必要がある[90]。そのためには、文京区の図書館では、文京区に在住した森鴎外に因んだ読書会が開かれているが、これと同様に新渡戸が書いた『武士道』に関する読書会を開いたり、ふるさと歴史館を活用した特別展示を行うこと等も考えられる。ちなみに民間では新渡戸を顕彰した国際文化交流の研究会が始まった[91]。

新渡戸をはじめとして、本論文で説明した国際交流にたずさわった人物は、洋行の経験者であった。洋行は、明治から昭和前期の１００年に満たない期間であったとはいえ、日本の近代化に役立っただけでなく、日本と欧米との関係が急激な変化をする際に有用な役割を果たしたことはいうまでもない。

我が国の文化外交のあゆみを促進させ、文化外交にたずさわる若者を育成するためには、日本の青少年は、これから洋行者の実績を検証し、政府や自治体等は文化外交に足跡を残した人物について理解を深めるための環境を整備することが大切である。

このような地道な努力の蓄積をつうじて、我が国が、文化外交に尽力する優秀な人材を多く輩出することができるならば、我が国の文化外交が、世界的に評価されるための大きなきっかけとなるであろう。

―

注釈

1　高瀬弘文は、１９４５年から１９５７年の日本の対外経済交渉に焦点をあて、「日本の政治、経済に関わるエリートたちは、日本と戦争で対峙した国々に対し、戦争中の日本のイメージを払拭することと、日本が平和志向で、経済を通して社会貢献することにより外国の信用を回復することが重要であると考えた」として経済外交の理論づけをしている（高瀬弘文『戦後日本の経済外交―「日本イメージ」の再定義と「信用の回復」の努力―』、信山社、２００８年、２９６～３０３頁）。

２　因みに、文化外交について「文化交流の自立性と多様性を尊重しつつ、開かれた国益のために多様な交流を促進するものである」としている（「文化外交の推進に関する懇談会報告書」、外務省ホームページ、２００５年、2頁）。

３　ユネスコ全権大使を務め、２０１０年に文化庁長官になった近藤誠一が、「戦後日本は安全保障はアメリカに任せ、文化はとりあえず後回しにして、国の資源を経済再建に優先配分した」と反省しているように、当時、日本の文化外交の場を国内に求めることは難しく、ユネスコに期待せざるを得なかったのである（近藤誠一『文化外交の最前線にて』、かまくら春秋社、２００８年、8頁）。

４　前田多門は、新渡戸稲造が国際連盟事務局次長として国際知的交流委員会を創設したことの意義を熟知していて、日本が国際連盟脱退後に、ニューヨークの日本文化会館の館長として、日米知的交流をとおし、「多くの日本人が、米国輿論の測定上、往々見落とすところの二大要因は、婦人倶楽部と基督教会である」とアメリカ情勢を正確に日本に伝えていた（前田多門『アメリカ人の日本把握』、育成社、１９４０年、90頁）。

５　ジョセフ・S・ナイ『ソフト・パワー―21世紀国際政治を制する見えざる力』、山岡洋一訳、日本経済新聞社、２００４年、34頁。

６　コンラート・アデナウアー（１８７６年～１９６７年）は、ドイツ連邦共和国基本法の24条の主権の主張の委譲に注目し、西欧統合を進めた政治家だが、その考えは、平島健司によれば、「ナチスがヨーロッパ全土に大きな災禍をもたらしたことを考えれば、国家主権の回復をすることは論外であった。しかし、もし西ドイツが西欧の統合を支持し、統合されていく西欧の中においてこそ国際的な信頼を回復していこうとするならば、失うべき主権が他の国々に比較したより大きな強みがある」と述べている（平島健司『ドイツ現代政治』、東京大学出版会、1994年、51～52頁）。

7　アデナウアーは、「ヒットラーが首相就任後、ケルンを訪問した際、今回の訪問は選挙運動の一環であり、政党の代表として来るのではないとして出迎えをせず、ケルン市役所にナチスの旗を掲げることを拒絶した」ために、1934年に逮捕され、その後も迫害を受けた（大嶽秀夫『アデナウアーと吉田茂』、中央公論社、1986年、31～33頁）。

8　中野日出男『アンドレ・マルロー伝』、毎日新聞社、2004年、22頁。

9　マルローが文化省を1959年に創設し、ド・ゴール大統領（1959年～1969年）のもとでただ1人の文化大臣であった（カトリーネ・ネイ『ド・ゴールとミッテラン―刻印と足跡の比較論』村田晃治訳、世界思想社、1999年、118、123頁）、また、フランス政府は、マルローの文化相としての功績を称え、没後20年の1996年に、遺骨を偉人が葬られるパンテオンに葬った。因みに、ミッテラン内閣のラング文化相がその業績を称える本を出版した（ジャック・ラング『マルローへの手紙』、塩屋敬訳、未来社、1999年、154頁）。

10　石井満『新渡戸稲造伝』、関谷書店、1934年、175～179頁。

11　マルロー文化大臣は、フランス全土の文化遺産リストの完成、各地方の文化会館の建設をし、国家予算の1%を文化関連の事業に支出する原則を導入した（相良憲昭『文化学講義』、世界思想社、2003年、131頁）。

12　堀切善次郎『前田多門　その文、その人』、東京市政調査会、1963年、27頁、佐谷真木人『民俗学・台湾・国際連盟』講談社選書、2015年、97頁。

13　芝崎厚士『近代日本と国際文化交流　国際文化振興会の創設と展開』、有信堂、1999年、139～141頁。

14　前田は、「第二の森有礼文相たるべき運命に自分を投ずるものである」という悲壮な覚悟で文相に就任したが、幸いなことにGHQの民間情報教育局のヘンダスン少佐は、前田がニューヨーク日本文化会館館長の時にコロンビア大学講師として親しい仲であった（前田多門『山荘静思』、羽田書店、1947年、11頁、『神谷美恵子著作集』9、みすず書房、1980年、213頁）。

15　GHQ（連合国最高司令官総司令部）は、日本が占領された1945年から1952年にかけて占領の最高組織、極東委員会が決定した政策をアメリカ政府から伝達をうけ、地方軍政機構をつうじて日本政府につたえ、日本国民を支配していた（竹前栄治『GHQの人びと』、明石書店、2002年、41頁）。

16　マッカーサーは「日本は精神的真空状態にあり、日本はキリスト教化しないならば日本は共産主義化される蓋然性が強い。そうならないように千人ほどの宣教師を送ってほしい」と述べている（阿部美哉『政教分離―日本とアメリカにみる宗教の政治性』、サイマル出版会、1989年、90頁）。

17　1945年10月にアメリカの教会を代表する4人が来日し、その後1947年に315人、1948年に707名、1949年に980名、1951年までに合計で2500名を越えた（袖井林二郎『マッカーサーの二千日』、中央公論社、1976年、255～256頁）。

18　ダグラス・マッカーサー（1880年～1964年）は第二次世界大戦中、フィリピン駐在アメリカ極東軍司令官であったが、その父親はフィリピンの軍事総督の経歴がある（大東文化大学戦後史研究会編『戦後世界の政治指導者50人』、自由国民社、2002年、22頁）。

19　H・ボートン（1903年～1995年）は、クェーカー教徒として、1928年から1931年まで東京の普連土学園で仕事をしていた。東京赴任前にクェーカー信者の在米臨時代理大使の澤田節蔵から話を聞き、来日後は新渡戸稲造の知遇を得た。その後、日本研究者となり、コロンビア大学助教授として1942年に国務省に入り1947年まで対日政策に関わり、研究者としてコロンビア大学に戻り、1956年にハーバード大学の学長になった（五百旗頭真『米国の日本占領政策』上、中央公論社、1985年、192～199頁、及び五百旗頭真監修『戦後日本の設計者―ボートン回想録』、五味俊樹訳、朝日新聞社、1998年、22頁、328～329頁）。

20　極東委員会（FEC）は、1945年12月27日のモスクワ3国（米・英・ソ）外相会議において設立され、アメリカを含め連合国が日本の占領政策について話し合う場であった（竹前栄治『GHQ』、岩波書店、1983年、（岩波新書〉、48頁）。

21　この教育制度の起草者は、国務省のE・H・ドウマン、H・ローリー、F・ガーリック女史、R・ターナー等であった。この案文は、PWC-287=CAC-238、1944年7月15日であり、なお同年11月6日、PWC-287aと修正した（竹前栄治『占領戦後史―対日管理政策の全容』、勁草書房、1980年、272頁）。

22　アメリカの戦後計画は1942年に始まっていて、1944年に「日本に関する合衆国の戦後目的」文書が作成され、国務省に極東地域委員会が設置され、国務長官、次官、次官補、各局長、及び法律顧問で構成された。その傘下にPWC（戦後計画委員会）がつくられ、さらにその下にSFE（極東小委員会）がつくられ、対日政策を実行した（前掲書、『占領戦後史―対日管理政策の全容』、18～20頁）。

23　ボートン・メモの結論は、4項目に分かれていた。a．民主教育に妨害的要素を除去し、望ましい改革を導入することによって国の基本目的を達成するために可能な寄与と援助ができるように日本の教育が再編、発展、利用されること。b．軍国主義的・超国家主義的・弾圧的性格があるとか、あるいはポツダム宣言の要求に沿わないという理由で妨害になると思われる行政官、慣行、事項を除去する措置をとるべきである。（以下の詳細は省略）c．質問の自由、批判的分析、問題処理における可及的広範なる事実の認識を可能にするような改革を助長する。また、他の国の国民、地理、歴史、政治的社会制度、国家間の関係等に対する知識、理解を助長するような改革をすべきである。さらに、個人の価値・尊厳の尊重という概念を理解させ、代議的・民主的・平和主義的形態の政府を待望させるような態度が助長されるように改革すべきである。d．日本における教育改革は、日本人が望ましい改革だという信念にもとづかない限り永久的なものとはならないであろう（以下の詳細は省略）（前掲書、『占領戦後史―対日管理の全容』、284～286頁）。

24　オアは、竹前のインタビューに対し、どのような改革が必要で、誰が実行人になるか考え、「教育刷新委員と議論し、自分が教育基本法を起草した」と述べ、さらに「教育勅語の内容それ自身は問題なかったが、その役割（軍国主義、超国家主義）が問題であり、廃止した」としている（前掲書、『ＧＨＱの人びと―経歴と政策』、２４６～２４７頁）。

25　五百旗頭真監修『戦後日本の設計者―ボートン回想録』、五味俊樹訳、２６０～２６１頁。

26　南原が旧制第一高校に入学した時の校長は新渡戸稲造で、新渡戸の紹介で多くの学生が内村鑑三の「聖書購読」の会に出席し、「柏会」（前田多門、高木八尺、矢内原忠雄、森戸辰男等）をつくっていたが、やや遅れて入会した南原は仲間と「白雨会」を結成した（加藤節『南原繁―近代日本と知識人』、岩波書店、１９９７年、39頁）。

27　南原は、マルクス主義とナチズムを批判する共同体論を論じているが、この共同体論を加藤は「現にある国家に対して、理念的な共同体へ、すなわち、民族的個性のうえに真・善・美・正義の価値をはかる『文化の国』へ、さらに、究極においては、それらの価値に生命をあたえる超越的な神性とむすばれた『宗教的な神の国』へと転化していくことを原理的に求める」と説明している（前掲書、『南原繁―近代日本と知識人』、１２２～１２３頁）。

28　南原は弟子との対談で当時をふりかえり、「私が委員長に互選された。（中略）むこうと折衝し、いろいろ協力するという機関だったが、われわれも案をつくって提出しようということで話あい、教育勅語の問題になったが、なによりも人間教育を中心にしなければならないということで、みんな意見が一致した」と述べている（丸山真男・福田歓一編『南原繁聞き書回顧録』、東京大学出版会、１９８９年、３８４頁）。

29　１９４６年５月22日に就任した田中耕太郎文部大臣は、教育基本法の構想を抱いた。文部省事務官・内藤誉三郎はオア民間情報局教育課長に対し、同年７月８日に、新憲法に調和すべく教育法の６点（①各学校段階の目的、②初等教育６年間以上の授業料無償、③男女平等、④青年学校の地位、⑤高等学校の地位、⑥教員の保護）について基本的変更の報告をした。

その後、両者は協議を継続し、文部省は１９４６年11月に立案し、文部大臣が高橋誠一郎に変更後も事業は進められた。議会の審議を経て、１９４７年３月31日に教育基本法は施行された（鈴木英一『日本占領と教育改革』、勁草書房、1983年、268頁）。

30　南原繁『南原繁対話　民族と教育』、東京大学出版会、1966年、10頁。

31　アメリカ教育使節団は最終報告のなかで、創設予定のユネスコへの日本加盟を支持する旨を表明した（潘亮「占領期の日本の対外文化政策と国際文化組織―ユネスコ運動を中心に」『国際政治』第127号、2001年5月、201頁）。

32　世界で最初のユネスコの民間運動である仙台ユネスコ協会成立に尽力した上田の功績を顕彰してモロッコのカサブランカに「センダイパーク」がつくられた（日本ユネスコ協会連盟編『ユネスコで世界を読む―21世紀に引きつぐ国連の良心』、古今書院、1996年、22頁）。

33　「紙上座談会、ユネスコ民間運動団体の始まり―世界最初のユネスコ協会」、榛葉英治、「ユネスコ協力会の思い出」（仙台ユネスコ協会編『仙台ユネスコ運動のあゆみ』、仙台ユネスコ協会、1983年、18～27頁、51～55頁）。

34　湯浅八郎同志社総長は、戦時中にアメリカに滞在して、ユネスコの成立の趣旨を知っていたので、1947年春、ニューヨークのユネスコ事務所で資料を収集、帰国後に運動を展開した（湯浅八郎「想い出」、日本ユネスコ協会連盟編、『ユネスコ民間活動二十年史』、日本ユネスコ協会連盟、1966年、3頁）。

35　森戸辰男文部大臣は、みずからの文教政策となる「新日本建設国民運動」の趣旨をユネスコの平和運動と関連づけながら訴えた（前掲論文、「占領期の日本の対外文化政策と国際組織―ユネスコ運動を中心に」『国際政治』第127号、201頁）。

36　澤田節蔵（1884年～1976年）は、GHQのボートンと親しく、また、新渡戸稲造を事務局長とする国際知的協力委員会の仕事にも関わっていた。

　澤田は上記のような経歴があるので、教育刷新審議委員として、吉田首相に日本がユネスコに早期加盟が許されるために次の措置を要望した。1．国民に対し積極的啓蒙活動を行う。2．教育科学文化関係の主要団体の代表者に政府代表者と個人を加え、ユネスコ運動の中心機構をつくる。結果的には、ＧＨＱはユネスコ全国委員会の設置を認めず、文部省内の課として成立した（『澤田節蔵回想録―一外交官の生涯』、有斐閣、１９８５年、２６６〜２６７頁）。

37　１９４６年３月に来日したアメリカ教育施設団は、日本のユネスコ加盟を支持する旨を示したが、このこととＧＨＱの見解がむすびつかず、当初、ＧＨＱ本部は日本のユネスコ加盟に対する統一見解を有していなかった（潘亮「占領期の日本の対外文化政策と国際文化組織―ユネスコ運動を中心に」、『国際政治』第１２７号、２００１年５月、１９０頁）。

38　前掲書、潘亮『国際政治』第１２７号、１９２頁。

39　前田多門文部大臣はユネスコ加盟（１９５１年６月）の加盟演説で新渡戸の業績についてふれ、「私は国際連盟事務次長であった私の同胞、故新渡戸稲造博士が、ユネスコの前身といわれる国際知的委員会の設立に大きな責任をとったことを指摘することを許されたいと思います」と述べている（野口昇『ユネスコ50年の歩みと展望』、シングルカット、１９９６年、43頁）。

40　前掲書、潘亮、２０１頁。

41　大平首相は、１９７９年１月、第87通常国会における施政方針演説で、「文化の重視、人間性の回復をあらゆる施策の基本理念に据え、家庭基盤の充実、田園都市構想の推進等を通じて、公正で品格のある日本型福祉社会の建設が必要である」と述べた（１９７９年１月25日、毎日新聞・夕刊）。

42　大平首相が１９７９年12月に中国を訪問した際に、日中両国の理解促進のために中国の日本語教育に対し協力することを約束した。１９８０年９月から北京言語学院（現在は北京言語文化大学）が開設された。この事業は、中国国内の大学の日本語教師に対し日本語教育の集中研修を行った。１９８５年９月に５期生が修了すると、さらに北京外国語学院（現在の北京外国語大学）に「北京日本語学習センター」が設立され、日本語研究が本格化し、１９８５年から２００２までに約６００人の日本人教授が日本から中国に派遣された（徐一平「北京日本学研究センター」、『国際交

流』97号、2002年10月、97～98頁)。

43 留学生受け入れ10万人計画の達成には時間がかかり、2003年に達成された。2010年現在、2025年に留学生30万人受け入れを日本政府は考え、経済産業省と文部科学省が手を携えて「アジア人財政資金構想」が2007年4月から開始された(2007年12月、パネル・ディスカッション「より有効な留学生の就職支援を考える」)。

44 竹下総理は、1988年5月のイギリス公式訪問時に、ロンドン市長主催晩餐会のスピーチ「日欧新時代の開幕」の中で、外交の3本柱として、「政府開発援助の拡張強化」、「平和のための協力強化」、「国際交流の強化」を挙げた。国際交流の強化については、「国際文化交流に関する懇談会」が設置された(「国際交流に関する懇談会」報告書、1989年5月)。

45 大久保喬樹によれば、「留学なり視察なり、欧米の文化を見聞し、日本に持ち帰ることを目的として渡った人々で、そうした人々の欧米体験を示す言葉として『洋行』という語が用いられた」として、その開始時点を岩倉使節団と捉えている。まさに、その使節団に随行してアメリカに渡った女子学生により、ピアノ教育が日本に伝達された(大久保喬樹『洋行の時代―岩倉使節団から横光利一まで』、2008年、〈中公新書〉、i～iii)。

46 1871(明治4)年10月に、黒田清隆は、開拓使長官東久世通禧とともに女子の海外留学を陳請した(公文録、リール番号 太344)。

47 生田澄江『瓜生繁子―もう一人の留学生』、文芸春秋、2009年、105頁。

48 伊澤修二「愛知師範学校年報」『文部省第二年報』、1875年、363頁。

49 グレアム・ベル(1847年～1922年)は、電話機発明で有名だが、聾者教育のためにアメリカ東海岸の学校で視話法を教え、伊澤が留学した当時は、ボストン大学で発声生理学を教えていた(奥中康人『国家と音楽―伊澤修二がめざした日本近代』、春秋社、2008年、156頁)。

50 奥中康人『国家と音楽―伊澤修二がめざした日本近代』、春秋社、2008年、179頁。

51　公文書リール番号３５２（公文書に見る「明治の近代化と国際交流展」目録、昭和63年10月25日〜31日）。

52　伊澤修二（１８４０年〜１９１７年）は、１８７８年にアメリカより帰国して東京師範学校校長を辞職し、かねてから関心の深かった音楽取調掛に１８８１年10月に着任した（奥中康人『国家と音楽―伊澤修二がめざした日本近代』、春秋社、２００８年、１８７頁）。

53　「音楽取調成績申報書」（東京芸術大学附属図書館編『音楽取調掛時代所蔵目録（３）』、１９７１年）。

54　東京女子師範は森有礼の要請で教育改革のために来日したモルレーのアドバイスで、１８７５年に女子教育のために設立された（梅溪昇『お雇い外国人』、講談社、２００７年、１５３〜１５４頁）。

55　日本で国産ピアノが生産されたのが１９００年で、１９０６年の記録として残されているのが、グランドピアノが７５０円から、アップライトピアノが３２０円からで、当時の大卒銀行員の初任給が35円であった。時代が下がり、１９２７年で、輸入ピアノは、グランドピアノが３３００円から、アップライトピアノが２２００円から、国産はグランドピアノが１４００円、アップライトピアノが６５０円からとされた。仮に大卒銀行員の初任給が60円になったとしても、国産のアップライトピアノでも月給10カ月分以上であり、いかに高価なものであったかがわかる（森本卓郎監修『物価の文化史事典：明治／大正／昭和／平成』、展望社、２００８年、２４２〜２４３頁）。

56　藤田晴子『ピアノとピアノ音楽』音楽之友社、２００８年、13頁。

57　瓜生外吉（１８５７年〜１９３７年）は、加賀藩支藩の大聖寺藩出身で、１８７２年に海軍兵学校寮に入った。１８７５年にアメリカに留学し、１８８１年にアナポリス海軍兵学校卒業、同年11月に海軍中尉に任官、１８９１年に海軍大佐、１９００年に海軍少将になり、第４艦隊司令官として日露戦争を迎え、仁川沖海戦で勝利。日露戦争後、横須賀鎮守府長官になる。１９０７年、男爵を授けられ、１９１２年に海軍大将となる。１９２２年から３年間貴族院議員を務めた（半藤一利他『歴代海軍大将全覧』、中央公論新社、〈中公新書クレラ〉、２００５年）。

58　鹿鳴館は、井上馨の発案で、１８８３年にお雇い外国人のジョサイア・コンドルが２年の年月と18万円の建築費をかけて建造した2階建ての西洋建築で、舞踏室や外国人の宿泊室もあった。大山巌・捨松夫妻は完成まもない鹿鳴館で結婚披露宴を行い、その後、政府に協力すべく、積極的に鹿鳴館で社交を行った（久野明子『鹿鳴館の貴婦人　大山捨松―日本初の女子留学生』、中央公論社、1988年、174～181頁）。

59　日本は、第一次世界大戦後、海軍部内で、艦船を制限する条約を締結しても英米協調を図る条約派（軍政派）と日本海軍の自主性を主張する艦隊派（軍令派）が争い、1921年のワシントン軍縮会議は締結できたものの、第二次ロンドン軍縮会議（1935年～1936年）の軍縮会議で決裂し、1937年に海軍無条約時代になった（相澤淳『海軍の選択―再考真珠湾への道』、中央公論新社、2002年、〈中公叢書〉、15～22頁）。

60　生田澄江『瓜生繁子―もう一人の留学生』、文芸春秋、2009年、152～154頁。

61　中村紘子『ピアニストという蛮族がいる』、文芸春秋、1992年、103～107頁。

62　筆者の母・高橋綾子も幸田からピアノの手ほどきを受けた1人で、小学生時代に審声会の演奏会に出演した。東京音楽学校に進学し、レオ・シロタの指導を受けた（萩谷由喜子『幸田姉妹』、ショパン、2003年、206頁、『高橋綾子門下生　ピアノ研究発表会の歩み』）。

63　幸田は1918年に自宅に「洋洋楽堂」というホールを建て、バイオリニストのエルマンが1921年に演奏し、1922年には、ピアニストのゴドフスキーが演奏している。また、1939年には、草間（安川）加寿子のフランスからの帰朝演奏も行われた（萩谷由喜子『幸田姉妹』、ショパン、2003年、196～200頁）。

64　ヨーロッパでは、ヨーロッパ史上最高のピアニストは、フランツ・リストとフェルチョ・ブゾニーと言われており、レオ・シロタは、ウィーン音楽院でブゾニーから薫陶を受けた数少ないピアニストであった（山本尚志『日本を愛したユダヤ人ピアニスト　レオ・シロタ』、毎日新聞社、2004年、22～23頁）。

65　藤田晴子（1918年～2001年）は、12歳からシロタの指導を受け、1936年、第5回毎日音楽コンクール2位、1938年、第6回毎日音楽コンクールで1位となり、演奏家として活躍した。1946年に東大法学部の第1期女子学生として入学し、その後、31年間、国立国会図書館に勤務し、１９８２年には専門調査員となり、１９８３年に退職する。また、音楽評論もてがけた（藤田晴子『ピアノとピアノ音楽』、音楽之友社、２００８年）。

66　ベアテ・シロタ・ゴードン著、平岡磨紀子構成『１９４５年のクリスマス―日本国憲法に「男女平等」を書いた女性の自伝』、柏書房、１９９５年、１８５～１８８頁。

67　日本は経済成長で国民のピアノへの需要が高まり、ピアノ製造業者も要望に応えた。ピアノ製造メーカーの最大手のヤマハは、戦前は、少量生産、高品質のドイツのベヒシュタイン社のピアノを模範にしていたが、湿度の高い日本の気候に合わせ、１９５６年から原材料の木材を人工乾燥することに成功した。また、ヤマハはピアノを大量生産するために、１９６３年からピアノ工場のオートメーション化を行い、大量生産が可能になった１９６２年には日本のピアノ生産台数は、年間８万５９０４台であったが、１９６８年には21万５７８１台になった（前間孝則・岩野裕一『日本のピアノ１００年』、草思社、２００１年、２２８、２６０～２６１頁）。

68　内田光子は、12歳で渡欧し、１９６１年にウィーン音楽院に入学し、ウィーンに留まり研鑽を積み、１９６９年のウィーン・ベートーベン国際コンクールで第1位、１９７０年のショパン国際コンクールでは銀賞を受賞した。モーツァルト演奏の評価は高く、現在もピアニストとしてヨーロッパで活躍中である（藤田晴子『ピアノとピアノ音楽』、２６８～２７５頁）。

69　外務省国際連合局、「第14回ユネスコ総会報告」、１９６７（昭和42）年12月。

70　２００５年10月20日、第32回ユネスコ総会は、文化的表現の多様性の保護及び促進に関する条約（文化多様性条約）を採択した（賛成１４８、反対2、棄権４）（『文化庁月報』、ぎょうせい、２００６（平成18）年1月、12頁）。

71　『麗澤ジャーナル』、第11巻第1号、２００３年3月10日。

72　サミュエル・ハンチントンは文明を分類し、日本については、「日本を固有の文明として認識し、中国文明から派生して西暦１００年から４００年の時期にあらわれた」としている。（サミュエル・ハンチントン『文明の衝突』、鈴木主悦訳、集英社、1998年、59頁）。

73 『文化庁月報』、ぎょうせい、2006（平成18）年1月号、13頁。

74 ジョセフ・S・ナイ『ソフト・パワー』、山岡洋一訳、日本経済新聞社、2004年、34頁。

75 政策研究大学院主催シンポジウム、「文化のソフトパワー　カンボジア　ピーストークの事例を基に」、2006年3月25日。

76 K・マックリーンは、多文化社会を想定して、ミュージアムの展示課題の1つに「多様な社会においてめまぐるしく変化する需要を認識し、それらを満たす」としている（K・マックリーン『博物館を見せる―人々のための展示プランニング』、井島真知・芦屋美奈子訳、玉川大学出版部、2003年、199頁～200頁）。

77 ワークショップは、参加体験型学習のことである。ワークショップは、先生や講師の話を一方的に聞くのではなく、自ら参加し、主体的に関わり、頭だけではなく、身体と心をまるごと総動員していくことである。また、グループの中で、相互性や多様性を分かちあい、刺激しあい、双方向性を生じさせることである（中野民夫『ワークショップ―新しい学びと創造の場―』、岩波書店、2001年、〈岩波新書〉、11頁）。

78 例えば、考古学者、文化人類学者、歴史学者、美術史家、博物館・美術館学芸員、修復家等である。

79 国立民族学博物館は、1974年に設置され、2004年に国立大学法人法により大学共同利用機関法人・人間文化研究機構となった。機能は、博物館を有した研究所であり、共同研究を行う。また情報センターの役割をしており、社会還元に熱心で、大学院教育をしている。機構は管理部、民族社会研究部、民族文化研究部、先端人類科学研究部、情報管理部、研究戦略センター、文化資源研究センターに分かれている。文化資源研究センターは「文化資源プロジェクト」をつうじて社会還元をはかっている。

なかでも、人気が高いのが、世界各地の博物館キュレイターを対象としたJICA集団研修の博物館学集中コースである。平成16年度からはJICAの全面委託を受け、滋賀県立琵琶湖博物館と共同で、4カ月にわたる研修を行ってい

る（『国立民族学博物館　要覧２００７』、２００７年７月、３頁、25頁）。

80　大学とりわけ明治以来の長い伝統を誇る大学には、研究や教育のために収集された博物資料、研究成果としての学術資料等、豊富な資料が収蔵されているが、残念ながらそれらの多くの資料は社会的には長く秘蔵あるいは死蔵に近い状態にあった。

これらの貴重な資料を大学内で閉鎖的に活用するだけではなく、広く一般にも公開して社会の文化資源に還元していこうという理念のもとに、１９９０年代後半から、国立系の大学において資料館等を博物館組織に拡大改組する動きが進んだ。これがユニヴァーシティ・ミュージアム構想である（『ユニヴァーシティ・ミュージアム合同展』図録、２００６年、６頁）。

81　金沢21世紀美術館は、２００４年10月に金沢大学附属小・中学校の跡地に建設された。開館準備段階から「美術館小中学校連絡活動研究会」を立ち上げ、金沢21世紀美辞館職員と学校教諭とがともに議論を重ねる場を持つとともに、収蔵品を学校へ搬入して行う鑑賞・創作授業をしている。また、開館後も児童・生徒を積極的に受け入れるべく、美術館オリエンテーリング開館記念特別プログラム（小中学生３万８０００人を学校単位で招待する）を作成した。（２００５年３月８日に、金沢21世紀美術館・木村健交流課プログラム・コーディネーターより聞き取り）、蓑豊金沢21世紀美術館特命館長は、「感受性の豊かな幼少期の子どもたちを本物の美術に触れさせ、その感動を糧に豊かに育っていってもらうためには、美術館と教育機関が連携して協力しあうことが大切である」と述べている（蓑豊『超・美術館革命―金沢21世紀美術館の挑戦』、角川書店、２００７年、１１３頁）。

82　埼玉県立近代美術館は、組織として、学芸主幹の傘下に企画担当、常設展・収蔵品担当、広報担当、学校教育普及担当の部署に分かれ研究している。また、「美術館研究会」をつくり、部会は小学校・中学校・高校に分かれている。筆者は、学芸員資格を有しているので、２００５年２月18日の中学生部会の研修会に参加し、中学教師や各地の美術館の教育普及担当者と議論をした。

83　オーストラリア・ブリズベーンの聞き取り調査で、ミュージアムで校外学習した同一クラスの児童でも親と一緒にミュージアムを鑑賞した経験のある児童の方が理解度が高いことが検証されている（Falk, Dierking and Foutz,"In Principle, In Practice—Museums as learning Institutions", ALTAMIRA PRESS, 2006, 33p）。

84　後藤和子は、「文化政策は国や地方自治体による芸術文化への公的支援の理念やあり方を示す広い概念である」と定義づけている（池上惇他編『文化政策入門　文化の風が社会を変える』、丸善、2001年、〈丸善ライブラリー〉201頁）。

85　国立国会図書館と外務省外交資料館の利用資格はいずれも18歳以上であり、国立公文書館は細かな利用規定があり、いずれも一般の人間には利用しづらい。

研究者にとってはいずれの施設も有力な情報源であり、近世史の研究者にとっては、国会図書館憲政資料室は重要な情報源である。この資料室は明治維新で活躍した大久保利通の孫で歴史家の大久保利謙（1900年～1995年）の尽力で立ち上がった（大久保利謙『日本近代史学事始め―歴史家の回想』、岩波書店、1996年、〈岩波新書〉、153～159頁）。

86　日本では、経費削減のためにまず人件費を削減することを考え、図書館の司書やミュージアムの学芸員の数を制限し、アルバイトやボランティアを活用しがちであるが、公共サービスとして質の高いサービスを提供できるのか疑問である。

ニューヨークにはニューヨーク公共図書館がある。これは総称であり、専門分野に特化した大学院レベルの4つの研究図書館と85のコミュニティに密接した地域分館からなる複合体である。ニューヨーク市は800万の人口を擁し、5つの行政区に分かれている。ニューヨーク公共図書館はその内のマンハッタン、ブロンクス、スタテン島の3地区・330万人をサービスの対象とし、残りの2地区はそれぞれ、ブルックリン公共図書館、クィーンズ公共図書館が管轄する。年間予算は2億8000万ドル（約336億円）、3700人のスタッフを抱える。この図書館は州や市が運営しているのではなく、非営利団体が運営する公共の図書館である（菅谷明子『未来をつくる図書館―ニューヨークからの報告』、岩波書店、２００３年、〈岩波新書〉、６～７頁）。

87　新渡戸の記述が比較的多い、新編『新しい社会　歴史』、東京書籍、２００５年では、「第一次世界大戦とアジア・日本」の章で国際協調の高まりの例として、国際連盟に関連して新渡戸稲造を取り上げている（１７２頁）。また、文京区の中学社会科教師が編集委員となり、郷土資料館のふるさと歴史館が資料を提供し、作成した文京区教育委員会編『わがまち文京』では、新渡戸を文京ゆかりの文人の1人として取り上げられている（82頁）。

88　文部科学省『中学校学習指導要領解説（社会編）』、平成20年9月、84～85頁。

89　第二次世界大戦後、１９７２年に国際交流基金が成立するまで、国際文化交流の拠点になった施設で、１９５２年に成立して、現在も活動を続けている。この会館設立の歴史に、深く新渡戸稲造が関わっている。国際問題を討議する会議が太平洋問題調査会により１９２５年から開催され、第3回会合が１９２９年に京都で開催された。日本側の団長は新渡戸稲造で、ジャーナリストの松本重治（１８９９年～１９８９年）や新渡戸に薫陶を受けた前田陽一、松田智雄、岩永信吉も参加していた。その時のアメリカ側のメンバーにジョン・ロックフェラー3世が含まれていて、後に国際文化会館の設立の際に大変尽力した。

ロックフェラーが尽力したのは、ロックフェラーと松本重治の単なる友情だけではなく、第二次世界大戦後、アメリカ政府の要請で、日本への文化交流の方法論を検討する役目を受け、アメリカ政府のダレス国務長官宛に１９５１年4月に報告書を提出していたという経緯がある。計画書に書かれた内容の一部として国際文化会館の設立が実現したのである（松田武『戦後日本におけるアメリカのソフト・パワー―半永久的依存の起源』、岩波書店、２００８年、１５５～１６４頁）。

国際文化会館の運営に関し、戦後、最初の文部大臣の前田多門の子息である前田陽一が積極的に役割を果たした。国際文化会館は、１９７６年から日本の若手社会科学者を海外の大学その他の学術機関に2年間派遣しており、新渡戸の功績を称え、通称・新渡戸フェローシップと呼ばれている。また、新渡戸とゆかりのあった人たちがつくる小日向会（こびなたかい）の事務局を国際文化会館が代行している（国際文化会館『国際文化会館50年の歩み　1952-2002』、2003年、1～2頁、104～105頁、188～189頁）。

90　因みに、欧米の首相・大統領は引退すると、その業績を紹介すべく、多くの場合、回顧録を書き、アメリカでは退任した大統領の多くが業績を顕彰した施設をつくっている。まだこのような顕彰施設は日本では不十分だが、日本でも政治家が回顧録やオーラルヒストリーを残すようになってきた。

91　国際文化会館は渋沢栄一記念財団の助成を得て、新渡戸稲造を顕彰した国際文化交流の研究会（新渡戸塾）を立ち上げた。第一期塾生（15名）は2008年9月～2009年2月迄、土日を活用して受講した。対象者は社会経験がある40歳以下の人物が選抜された。

参考文献

1．著作

相澤　淳『海軍の選択―再考真珠湾への道』、中央公論新社、2002年、〈中公叢書〉
阿部　美哉『政教分離―日本とアメリカにみる宗教の政治性』、サイマル出版会、1989年
五百旗頭　真監修『戦後日本の設計者―ボートン回顧録』、五味俊樹訳、朝日新聞社、1998年
五百旗頭　真『米国の日本占領政策』上、中央公論社、1985（昭和60）年
生田　澄江『瓜生繁子―もう一人の留学生』、文芸春秋、2009年
池上　惇他編『文化政策入門　文化の風が社会を変える』、丸善、2001年、〈丸善ライブラリー〉
石井　満『新渡戸稲造伝』、関谷書店、1934年
大久保　喬樹『洋行の時代　岩倉使節団から横光利一まで』、中央公論新社、2008年、〈中公新書〉

大久保　利謙『日本近代史学事始め―歴史家の回想』、岩波書店、１９９６年、〈岩波新書〉
大嶽　秀夫『アデナウアーと吉田茂』、中央公論社、１９８６年
奥中　康人『国家と音楽―伊澤修二がめざした近代』、春秋社、２００８年
神谷　美恵子『神谷美恵子著作集』９、みすず書房、１９８０年
久野　明子『鹿鳴館の貴婦人　大山捨松―日本初の女子留学生』、中央公論社、１９８８年
Ｋ・マックリーン『博物館を見せる―人々のための展示プランニング』、井島真知・芦屋美奈子訳、玉川大学出版会、２００３年
佐谷　真木人『民俗学・台湾・国際連盟』、講談社選書、２０１５年
サミュエル・ハンチントン『文明の衝突』、鈴木主悦訳、集英社、１９９８年
近藤　誠一『文化外交の最前線にて』、かまくら春秋社、２００８年
澤田　節蔵『澤田節蔵回想録―一外交官の生涯』、有斐閣、１９８５（昭和60）年
芝崎　厚士『近代日本と国際文化交流―国際文化振興会の創設と展開』、未来社、１９９９年
ジャック・ラング『マルローへの手紙』、塩屋啓訳、未来社、１９９９年
ジョセフ・Ｓ・ナイ『ソフト・パワー―国際政治を制する見えざる力』、山岡洋一訳、日本経済新聞社、２００４年
菅谷　明子『未来をつくる図書館―ニューヨークからの報告』、岩波書店、２００３年、〈岩波新書〉
鈴木　英一『日本占領と教育改革』、勁草書房、１９８３年
袖井　林二郎『マッカーサーの二千日』、中央公論社、１９７６年
高瀬　弘文『戦後日本の経済外交―「日本のイメージ」の再定義と「信用回復」の努力―』、信山社、２００８年
高橋　是清『随想録』、千倉書房、１９３６（昭和11）年
高橋　是清『高橋是清自伝』下、中央公論社、１９７９年、〈中公文庫〉

竹前　栄治『戦後占領史—対日管理政策の全容』、勁草書房、１９８０年
竹前　栄治『ＧＨＱ』、岩波書店、１９８３年、〈岩波新書〉
竹前　栄治『ＧＨＱの人びと』、明石書店、２００２年
中野　民夫『ワークショップ—新しい学びと創造の場—』、岩波書店、２００１年、〈岩波新書〉
中野　日出男『アンドレ・マルロー伝』、毎日新聞社、２００４年
中村　紘子『ピアニストという蛮族がいる』、文芸春秋、１９９２年
日本ユネスコ協会連盟編『ユネスコで世界を読む—21世紀にひきつぐ国連の良心』、古今書院、１９９６年
南原　繁『南原繁対話　民族と教育』、東京大学出版会、１９６６年
野口　昇『ユネスコ50年の歩みと展望』、シングルカット、１９９６年
萩谷　由喜子『幸田姉妹』、ショパン、２００３年
原田　敬一『日清・日露戦争シリーズ日本近代史③』、岩波書店、２００７年、〈岩波新書〉
半藤　一利他『歴代海軍大将全覧』、中央公論新社、２００５年、〈中公新書クラレ〉
平島　健司『ドイツ現代政治』、東京大学出版会、１９９４年
藤田　晴子『ピアノとピアノ音楽』、音楽之友社、２００８年
ベアテ・シロタ・ゴードン、平岡磨紀子構成『１９４５年のクリスマス—日本国憲法に「男女平等」を書いた女性の伝記』、柏書房、１９９５年
堀切　善次郎『前田多門　その文、その人』東京市政調査会、１９６３年
前間　孝則・岩谷　裕一『日本のピアノ１００年』、草思社、２００１年
前田　多門『アメリカ人の日本把握』、育成社、１９４０年
前田　多門『山荘静思』、羽田書店、１９４７年

松田　武『戦後日本におけるアメリカのソフト・パワー半永久的依存の起源』、岩波書店、２００８年
丸山　真男・福田　歓一編『南原繁聞き書回顧録』、東京大学出版会、１９８９年
蓑　豊『超・美術館革命―金沢21世紀美術館の挑戦』、角川書店、２００７年
山本　尚志『日本を愛したユダヤ人ピアニスト　レオ・シロタ』、毎日新聞社、２００４年
John H.Falk,lynn D.Dierking,and Susan Foutz “In Principle,In Practice Museums as Learning Institutions”,ALTAMIRA PREESS,2006

２．公文書／書簡
公文録、リール番号　太３４４（明治４年10月）
公文書リール番号　３５２（公文書に見る「明治の近代化と国際交流展」目録、昭和63年）

３．紀要／学術論文／報告書／事典
外務省国際連合局『第14回ユネスコ総会報告』、１９６７（昭和42）年12月
加藤　誠編『国際文化会館50年の歩み１９５２～２００２』、国際文化会館、２００３年
『国際政治』第１２７号、２００１年５月
国立民族学博物館編『国立民族博物館　要覧』２００７年
五味　文彦他編『新編　新しい社会　歴史』、東京書籍、２００５年
仙台ユネスコ協会編『仙台ユネスコ運動のあゆみ』、仙台ユネスコ協会、１９８３年
大東文化大学戦後史研究会編『戦後世界の政治指導者50人』、自由国民社、２００２年
日本ユネスコ協会連盟編『ユネスコ民間活動二十年史』、日本ユネスコ連盟、１９６６年
文京区教育委員会編『わがまち文京』、ぎょうせい、２００２（平成14）年

『文部省第二年報』、１８７５年
文部科学省『中学校学習指導要領解説（社会編）』、２００８（平成20）年
森本　卓郎編『物価の文化史事典：明治／大正／昭和／平成』、展望社、２００８年
麗澤大学編『麗澤ジャーナル』第11巻1号、麗澤大学、２００３年

4．雑誌／新聞
『文化庁月報』、ぎょうせい、２００６（平成18）年1月号

5．その他
『高橋綾子門下生ピアノ研究発表会の歩み』、２００３年

第3章　2国間文化外交による外交の新展開

第3章の目的

文化外交の目標は、平和構築であり、「人間の安全保障」の考えにもとづいて行われている。これは、国連開発計画が打ち出した理念より日本が肉づけして2000年の国連のミレニアム・サミットに提言し、人間の安全保障が外交理念として世界各国から認知された。

本章では、「人間の安全保障」の理念について説明し、カンボジア和平のための国連カンボジア暫定機構による平和維持活動と同時並行して行われた日本主導の文化協力について述べたい。さらに、日中間にめばえた相互の不信感を払拭するための方策として博物館、図書館の活用や日本語教育などの文化協力をつうじて相互理解を深めることを考えることにする。

第1節　人間の安全保障

１９８９年11月のベルリンの壁崩壊、ソ連・東欧圏の自由化加速により１９９１年にソ連が崩壊した。東西均衡が崩れ、他方、ソ連影響下にあった各地の民族主義が台頭し、アメリカ影響下の各地でも同様の現象がおき、世界の不安定要因が増大した。

鈴木佑治はこの要因を「近代国家を支えた権力の第一の要因は軍事力の独占である（中略）この軍事力の持つ意味が転換しつつある。つまり、国家の持つ最も重要な要因は軍事力の大きさではなくて、国際経済に対応する能力に取って代わられつつある[1]」と分析している。これはまさに経済のグローバル化が国際社会を変化させ、対立軸が国家対国家から、国家とより小さな組織、例えばテロ組織等のようなケースが増えてきたためである。このような非対称的な力関係においては、従来の国家対国家を対象に行われてきた外交交渉では解決の糸口が見つからない。それらを解決するために国際連合の下部組織である国連開発計画（ＵＮＤＰ）が１９９４年に打ち出した理念をもとに、「安全保障」に関する新しい概念「人間の安全保障」が成立した。

２００３年５月に「人間の安全保障委員会」の報告書が国連で作成された[2]。この政策には日本政府が少なからず関与していた。このことが本研究で文化協力と安全保障の関係を明らかにする上で重要である。そのために「人間の安全保障」が成立した背景を時系列で述べてみたい。

第１項　「人間の安全保障」の理念から政策への転換

国連開発計画（ＵＮＤＰ）の「人間の安全保障」は、７つの安全保障[3]から成り立つ、冷戦下の国家の安全保障に対する対抗概念であり、領土偏重の安全保障よりも人間を重視し、また軍備による安全保障より「持続可能な人間関係」を重視している。

上記の概念がそのまま国際社会で通用するようになったわけではない。日本政府は、後述するように「人間の安全保障」が定着するように地道な努力を行っている。しかし、日本は必ずしも第二次世界大戦後まもなく、後に「吉田ドクトリン[4]」と呼ばれる経済重視・経済外交をめざしていたわけではない。かつて、「文化協力」を論議したアジア・アフリカ会議（ＡＡ会議）[5]へ日本は積極的に関わった。さらにさまざまな論議の結果[6]、国連に「人間の安全保障委員会」ができることで、「人間の安全保障」が国際社会で通用することになった。

アジア・アフリカ会議では非同盟主義を掲げるインドや「平和5原則[7]」を主張する中国に世界の視線が集まった。平和5原則とは①領土・主権の相互尊重、②相互不可侵、③相互内政不干渉、④平等互恵、⑤平和共存である。これを字義どおりに受け取ると、きわめて平和的な外交原則に思える。しかし、１９４９年の建国後、中国は「核大国」をめざし、平松茂雄は、「『平和5原則』は決して現状維持政策あるいは平和を目的とした対外政策ではなく、米国を周辺地域から排斥することを意図した積極的な政策である」と言っている。その根拠として、この時期に、中国は日本で行われた『日米安保反対』『米軍基地撤去』の運動を支援し、韓国では米軍の撤退を、さらに台湾からの米軍の撤退等の激しい反米闘争が展開され、これが『平和5原則』の一環として遂行された[8]からであり、必ずしも平和外交とはいえないとしている。

これに比べ、バンドン会議での日本の外交姿勢を宮城大蔵は「いっぽうでは消極的ながらも自由主義陣営の側にたつことで中立主義とは一線を画することをアメリカに示し、他方、アジアに対しては政治的立場をあいまいにすることで、冷戦によって引き裂かれたアジアの一方を選択することを回避するものだった[9]」と消極的評価をしている。

バンドン会議の7項[10]からなる最終コミュニケ[11]には、文化協力が第2番目に掲げられており、日本は一般演説で高碕達之助代表が文化協力に関し力説し[12]、実現にはいたらなかったものの文化協力委員会では藤山愛一郎顧問が「アジア・アフリカ文化賞」を提言した。文化協力委員会では「これを将来のアジアのノーベル賞にすべきである[13]」という意見がでたほどであった。したがって、バンドン会議における日本外交は、その後の日本の文化協力、文化外交のはじまりになったといっても決して過言ではない。

日本はその後、経済成長を遂げ、経済外交の比重が高まり、冷戦下では成長率を高めることと援助対象国のインフラ整備[14]に協力する経済援助に注力した。冷戦下でも日本は文化交流・文化協力を継続していたが、冷戦が終了し、1990年の湾岸戦争を契機に経済外交を重視するだけでは国際社会の期待に応えられないことが明白になった。

福島安紀子は、「人間の安全保障」が登場した理由を3つ挙げ[15]、「ハードな安全保障だけでは不十分であり、ソフトな安全保障も含めて復興に取り組むホーリスティック（全体的）な戦略が必要であり、ハードとソフトの両面をリンクする概念として『人間の安全保障』が再び注目されているのである」と述べているが、日本がソフト重視の文化外交を主張していくためには、ハードとソフトをリンクする「人間の安全保障」を国際的に認知させる必要があると考える。

小渕首相の諮問委員会である「21世紀日本の構想懇談会」は、2000年1月の報告書の中で21世紀の課題として「開かれた国益」を強調しつつ、「開かれた国益を考えれば、国際安全保障は日本の安全に不可欠な条件である。（中略）軍事的脅威に対する安全保障に限っても、それへの対応は①自助努力（自らの防衛力）、②同盟国や友好国の支援協力、③国際協調システムを強化し国際環境全般を平和的にする努力の３つのレベルがあり、その組み合わせが必要である。シビリアン・パワーとしての日本は、③のグローバルな努力と言う間接的方途にかなりの比重を与えていることが特徴なのである[16]」としている。

小渕首相は、上記の懇談会による③の提言に沿った形で、２０００年9月の国連のミレニアム・サミットで「人間の安全保障」を提言した。これより先、小渕首相は、１９９８年に第1回「アジアの明日を知る知的対話」という演説の中で人間の安全保障について触れ、翌年に国連に5億円を拠出して「人間の安全保障基金」を成立させた。日本は基金を活用した活動に主導的に関わり、２００９年10月現在、累計約３９０億円（約3億４６５８万ドル）を拠出し、１１９の国・地域で実施された１９６の事業を支援し、高く評価されている[17]。

一方、緒方貞子は第8代難民高等弁務官（１９９1年～２０００年）として活動した実績をもとに、紛争予防の理念形成を国連事務局に働きかけた。これを契機として、２００1年にアナン国連事務総長が来日した際に森首相から「人間の安全保障委員会」設立の提案があった。同委員会で、緒方貞子とケンブリッジ大学トリニティーカレッジ学長アマルティア・センは共同議長になり、２００3年5月に最終報告書[18]をアナン国連事務総長に提出した。この最終報告書によれば、「『人間の安全保障』とは、人間中心の考え方である点などから、また従前の安全保障上には脅威と見なされなかった危険要因に対応する点、『国家の安全保障』を補完し得る」としている。この危険要因とは「欠乏からの自由」と「恐怖からの自由」としており、政策項目[19]が明確に示された。

この政策項目を実現するために、２００4年9月に国連事務局人道問題調査部内に人間の安全保障ユニットが設立された。これは、それほどまでにグローバリゼーション[20]の弊害が強かった現れともいえよう。一方でユネスコは、2002年～2007年の中期計画で「教育・科学・文化・コミュニケーションを通じたグローバリゼーション時代の平和と人間成長」を掲げた。これに関連し、2003年7月に東京で国連大学とユネスコが共催で国際会議（「人間の顔をしたグローバリゼーション─すべての人びとのために」）を行い、この会議で松浦晃一郎ユネスコ事務局長は、アナン国連事務総長の言葉を引用して「人間の顔をしたグローバリズムとは60億の人々の顔をしたグローバリズムである[21]」としてグローバリズムの恩恵がすべての人に還元されるべきだと強調した。さらに、緒方貞子が2003年に独立行政法人国際協力機構（JICA）理事長になったことで、「人間の安全保障」は日本の国際援助政策として明確に打ち出されることになり、2005年2月の「JICA改革プラン[22]」に明示された。

グローバリゼーションに対し1967年～1989年の間に国連大学副学長であった武者小路公秀は、「グローバルなメガコンペティション（大競争）から除外された諸階層・諸集団の人間不安を根底からなくしているような、根本的なグローバル政治経済構造の改革をもたらす必要がある。『人間安全保障』は、グローバル覇権を改良して、これに『人間の顔』を与える政策科学の依拠する倫理的基準をなによりもまず提供すべきである[23]」としてその弊害をより明確に指摘している。

グローバル覇権の状態を放置しておけば、弱者の不安を利用して紛争やテロの危険性が高まることになる。したがって、今後、日本政府が取るべき道はグローバル覇権の弊害を牽制すべく、ユネスコをつうじた「人間の顔をしたグローバリズム」に役立つ事業を行うとともに国内政策と外交政策の連続性を持たせ、ODAについても「人間の安全保障」を重視することであろう。

日本が人間の安全保障政策を積極的に推進するためには、アメリカや中国等のような大国との違いを明確にしなければならない。この違いを示す日本の外交姿勢を添谷芳秀はミドルパワー外交[24]と呼び、大国と一線を画した中間領域に注目しているが、この中間領域こそが「人間の安全保障」が活用される領域になりうるであろう。

日本政府は、「人間の安全保障」の考え方が国際社会に浸透し、多くの国や国際機関が「人間の安全保障」について論議する場が増えるようにアメリカのニューヨークを拠点に非公式なフォーラムの「人間の安全保障フレンズ」を立ち上げ、２００６年10月に第１回会合を行った。第１回会合には24カ国７国際機関が参加し、活動は継続され、第５回会合は２００８年11月に行われ、52カ国・地域、13国際機関が参加するまでになった[25]。

平井照水は「日本の『人間の安全保障』は、貧困や社会的弱者に配慮した『欠乏からの自由』を軸として、その手段も開発援助であるが、（中略）カナダの『人間の安全保障』は、紛争や地雷など『恐怖からの自由』を軸としたものである」と述べているが、その指摘は正当なものと思われる。

したがって、日本が施策を①「人間の安全保障委員会」の政策提言10項目に関連づけ、②「欠乏からの自由」の達成に重点を置き、③国連からの要請に応じ「恐怖からの自由」についても相応の対策を講じつつ、政府や国民の参加する機会を増やし、下記の如く３段階で実績を積み上げてきたことは最善の方策であったと評価できよう。

すなわち、第１段階は文化協力による国家やコミュニティーへの働きかけ、第２段階は紛争により犠牲となった難民への対応、第３段階は日本の自衛隊の本来任務による紛争地での後方支援活動であり、それぞれの段階ですでに成果が出はじめている。

第１段階では、２００６年５月に小泉首相が「野口英世アフリカ賞[26]」を提案し、２００８年に日本で開催された第４回アフリカ開発会議で、第１回野口英世アフリカ賞は、ブライアン・グリーンウッド（イギリス）とミリアム・ウエレ（ケニア）に授与された[27]。この賞は「人間の安全保障」の第７項目の範疇であり、また日本がかつて提案して実現できなかった「アジア・アフリカ文化賞」を今日の世界情勢に合致させ高度化したものといえる。また、第4回アフリカ開発会議に向けて2008年2月7日に国連大学で文部科学省、外務省、広島大学、筑波大学が参加し、国際協力機構と国際協力銀行の後援で第4回国際教育協力フォーラムが開かれた。そのフォーラムでは日本の重視する「基礎教育」の内容をアフリカ諸国に充分に説明することができた[28]。

第2段階はアフガニスタンの復興援助や紛争終了後に公正な選挙が行われるための選挙監視団への参加である。アフガニスタンの復興会議の事務局をリードした緒方貞子は「アフガニスタン初期の復興援助では日本政府が緊急無償資金で支援し、国連難民高等弁務官事務所（UNHCR）も含めた人道機関に実施してもらった[29]」と述べているが、こうした資金援助にとどまらず、東ティモールにおいて日本は、PKO法にもとづく選挙監視活動に積極的にたずさわり、実績をあげている[30]。

日本が文化外交を推進するためには、第1段階・第2段階でより一層貢献する余地があると考える。福島安紀子は、「『人間の安全保障』を損なう要素のひとつである紛争の原因の中には直接的な文化摩擦もあれば、相互の意思疎通不足による誤解や不信感もある。お互いに異なる文化を持っていてもグローバル化の進展による普遍的な文化が生まれている部分と、固有の文化が残される部分があるが、異文化を理解し、共有できなくても尊重することができれば紛争の予防につながる」と述べているが[31]、これこそ第1段階の「人間の安全保障」と文化の関わりにおいて最も中核とされるべき視点であると考える[32]。

最終段階となる第3段階の施策は、第1、第2段階と比べ、格段にリスクが大きくなると考えられるために、基本原則を明確にし、これを忠実に実行する必要がある。換言すれば、国際貢献が正当に実行されるためには、自衛隊に対しシビリアン・コントロールをきかせることと、PKO活動における軍事的危機管理が重要である。

この軍事的危機管理について、興梠隆弘は紛争に対処できる体制の創造と自衛隊の役割を説明し、さらに危機管理が成功するために必要な能力を明確にしている[33]。そこで次に、自衛隊を活用した事例として、1990年の湾岸戦争における掃海艇派遣の経緯とどのように危機管理を行ったかを検証してみたい[34]。

第2項　人間の安全保障における日本の課題

湾岸戦争に対する日本外交について外務省は、課題はあるがやむをえない対応であったとしているが[35]、これに対し北岡伸一は、「国際常識に反し、援助資金の使途に関し、武器・弾薬には使わないという条件をつけ、（中略）、人的貢献には自衛隊の限定的利用しか有り得ないのに、政府は国民を啓蒙する有効なリーダーシップがなかった[36]」と指摘している。確かに海部首相は外交当局に対し明確な指示をしたものの、日本国民に対し自衛隊の派遣と派兵の区別を示し、国際貢献として「派遣」は必要であることを充分説明する必要があったと思われる。

ところが、掃海艇派遣の政府声明[37]から推察されるように、首相が従来の日本の「一国平和主義」外交路線的思考に基づいていたため、これを実行できなかった。すなわち、軍事をリードする政治のリーダーシップに問題があったため、掃海作業[38]に困難を生じたと思われる。掃海艇派遣の時期が遅れたために担当地域は掃海に手間取る地域が割り当てられたのである。

だが、このハンディキャップを補うべく掃海艇の落合艦長は、他国の海軍との連携を重視し、連絡担当士官を他国の艦船に常駐させ情報収集をさせた。また、艦長自身が派遣された家族宛に隊員の近況を知らせる私信を送付する等、きめ細やかな配慮をした。その結果、艦長は隊員の信頼を得て、隊員の力を十分に発揮させることができ、無事終了することができた。しかし、いつもこのように適材適所で、リーダーシップを発揮し、海外派遣が成功するとは限らないであろう。

日本は、湾岸戦争で事後処理に忙殺されたが、その原因は以下の2つである。1つは軍事情報が不足し[39]、湾岸戦争前にイラク軍の動向を充分に把握できなかったこと。2つ目は湾岸戦争発生後、クウェートからイラクに移送された邦人保護の問題に政府と国民が関心を集中[40]し、軍事的危機を排除するために日本として明確な意志統一ができなかったことにある。その結果、我が国が、かろうじて人的貢献を行ったのは湾岸戦争終了後の最終段階に入ってからであった。以上、文化協力から見た安全保障を研究する中で、「人間の安全保障」の見地からグローバリズムと変容する国際関係の関連性について考察を試みた。

第2節　アジア理解からカンボジア和平へ

日本は、約20年の内戦を経験したカンボジアの平和構築に積極的に関与し、大きな成果をあげている。その源流には、明治維新以降、アジアに対して関心を持ち、理解しアジアを尊重する姿勢を持ち続けた岡倉天心や柳宗悦等の存在があったことを忘れてはならない。

カンボジアの戦争状態終結後、ＰＫＯ活動等の政府レベルの支援にとどまらず、ＮＧＯが民生安定のための活動としての幼児医療や初等教育の定着に力をつくし、学術機関の遺跡保存及び遺跡を活用した文化協力が行われている。後述するようにそれぞれの活動が積極的に行われ、相乗効果をあげてカンボジア和平に貢献した。この中でも文化協力の評価が高い。

日本は、第二次世界大戦の経験を踏まえ、他国から「文化侵略」と非難されることを恐れ、他の国際協力と同様、要請主義に徹し、積極的な働きかけをしなかったが、カンボジアに対する文化協力については積極的に行ってきた。カンボジアは１９９３年に採択されたカンボジア王国憲法で「仏教を国教とする」と明記し、国旗の中央にアンコール遺跡を配置するほど、文化アイデンティティを重視する国である。日本人は多神教であり、かならずしも宗教と文化を結びつけて考える習慣はないものの、仏教文化に対し親近感があり、カンボジア文化（クメール文化）の尊重[41]に日本国民の多くが理解を寄せた。

第1項　日本のアジア理解におけるソフト・パワー――アジア主義

日本は、アジアからの渡来文化を中国、朝鮮経由で取り入れ尊重してきた歴史がある。明治維新で、近代化をはかるために脱亜入欧が叫ばれたが、すべての人間が文化をもたらしたアジアに対する関心や理解を失ったわけではない。日本が西洋音楽をつうじ、欧米の文化に親しみを覚え、欧化思想を取り入れたことと対照的に、美術を通じて、アジア理解は深められた。そこで、アジア理解を呼びかけた2人の人物、岡倉天心（１８６３年～１９１３年）、柳宗悦（１８８９年～１９６１年）について考えてみたい。

岡倉天心は、フェノロサとともに日本古美術を研究し、東京美術学校の校長（１８９０年～１８９８年）として日本の美術教育に貢献し、退官後は、橋本雅邦、横山大観等と日本美術院を創立し在野から日本画の展開に寄与した。１９０４年に、アメリカのボストン美術館の中国・日本部顧問として日本美術の啓蒙を行い、『茶の本』を英文で書き、好評を博したというのが美術書から得られる人物像である[42]。この経歴からは、岡倉は美術教育者としてきわめて順調な道を辿ったと思いがちだが、必ずしも当人が当初望んでいたとおりの経歴ではなく、岡倉が明確な意思を持ち、周囲と摩擦を生じた結果によるものである。

岡倉は、第2章で取り上げた日本に西洋音楽教育を取り入れた伊澤修二の部下として、お雇い外国人・メーソンの通訳となった経験がある。岡倉は伊澤とメーソンが二人三脚で、西洋音楽をつうじ、積極的に日本の芸術教育を欧化していくことに反発と危機感を覚えた。

岡倉は、伊澤のもとを離れ、美術をつうじて、日本文化を守ることを念頭に置いた。東京美術学校の校長として、当初の履修項目では、日本画と木刻、彫金を設け、洋画を教えなかった。日本文化を尊重する岡倉の教育方針は欧米化を推進する文部省と軋轢を生じ、東京美術学校を辞職せざるをえなくなった。その結果、欧米と対極的な位置にたち、日本と歴史的につながりの深いアジアへの共感を示すようになった[43]。

竹内好は、岡倉の言葉を引用し、「天心にあっては、美（そしてそれとほとんど同義の宗教）が最大の価値であり、文明はこの普遍的価値を実現するための手段である。美は人間の本性に根ざすから、西欧だけが独占すべきでない。そのためには、『西欧の光栄がアジアの屈辱』（『東洋の覚醒』）である現状を変革することが急務であり、したがって『アジアは一つ』（『東洋の覚醒』）であらねばならない」と評している[44]。

岡倉がアジア理解を深めたきっかけは、1902年のインド旅行を通じ、タゴールやインド革命運動をする青年たちと知りあったからである。岡倉はイギリスによるインド支配に対し憤りを感じ、インドを含めたアジアの国々の自立を激励すべく、『東洋の目覚め』という檄文を書いた。この中の一文を見てみたい[45]。

アジアの兄弟姉妹よ！
われわれは、さまざまな理想のあいだを長いあいださまよってきた。さあ、ふたたび現実に目覚めようではないか。われわれは、無感覚という河をただよい流れてきた。さあ、もう一度現実という苛酷な岸に上陸しようではないか。われわれは、結晶のような生活を誇りとして、互いに孤立してきた。さあ、共通の苦難という大洋のなかで溶け合おうではないか。

佐藤能丸は、岡倉を同時代のナショナリストの三宅雪嶺と比較し「両者には欧米に対峙して日本の主体的な立場を推し進めようとする強烈なナショナルな想いが共通のものとしてあった。（中略）その（筆者注・三宅の）主張はインターナショナリズムを前提として専ら内に向かってなされていた。これに対して、天心は、いわゆる英文の四大著作に示されているように、そのナショナルな想いをコスモポリタンとして、極めて意識的に外に対して展開しようとしていたと言うことができるのではあるまいか」と述べている[46]。両者の比較によってナショナリストとしての岡倉の立場が明確になるであろう。また、岡倉が意識的に海外に発信した努力の結果が実を結び、現在も国際的に高く評価されていると思われる。

柳宗悦が活動した時代は、日本が明治維新を成功させた後、欧米列強と肩を並べるべく軍事力でアジアへ進出した時代であった。柳は、アジアに対し、言論だけでなく、より具体的な民芸運動をつうじてアジアとの連帯を図った。柳は民芸運動を行う中で日本の伝統への回帰とアジア理解を深めたが、柳の民芸運動が成功したのは、柳がすぐれた美意識を持ち、美術品を蒐集するための独自の理論を確立していたからである[47]。柳は民芸運動を展開する中で、蒐集の最終目標は公開することにあると、つぎのように述べている[48]。

> 蒐集とは「個々の價値」であるより、「集められた價値」である。公共のものに移ることは、其の價値への全き保証である。恐らく其の蒐集が卓越したものであればある程、萬人の見たいものであり、又萬人に見せたいものであろう。
> （中略）其の蒐集の優秀さはそれ自身私有に極限されるべきものではない。蒐集は其の共有に於いて最も意味深い蒐集である。公開を一つの美擧と見做すのは其の故である。

柳は、蒐集活動をする中で、中国や朝鮮の美術品に触れることが多くなったが、浅川巧との交流で朝鮮の陶磁器への関心が深まり、日朝併合後の朝鮮の民族運動（1919年の三・一運動）が活発化し、日本によって民族運動が弾圧される情況にもかかわらず、1924年に浅川とともにソウルの景福宮内に朝鮮民族美術館を設立した[49]。

柳は朝鮮の文化・美術品への敬意の念を次のように述べている[50]。

日本は朝鮮の美に飾られた日本である。若しもあの賢明な聖徳太子が、朝鮮の文化を受け容れなかったとしたら、日本は誇るべき国宝の幾百を失った事であろう。推古の文化を追憶する時、吾々は朝鮮の文化を欽慕しつつあるのである。時間には推移があり国情には変化があるのであろう。だが日本の文明が朝鮮の美に温められて生まれたといふ史実こそは不変である。人々は何故この顕著な事実をもっと意識しないのであろうか。この意識が強まるならば、朝鮮に対する吾々の態度は一変化受けるにちがひない。その卓越した芸術に対する失念が、如何に多くの隣邦への理解を妨げてゐるであろう。

上記のような柳や浅川のような傑出した人物による美術品をつうじたアジア理解は、その後も順調に進んだわけではない。日本は日清戦争以降多くの戦争を経験し、戦地から多くの美術品を持ち帰った歴史がある。日中戦争でも多くの美術品を持ち帰った。

中国国内に親日の汪兆銘政権が樹立され、樹立一周年を記念し、興亜院は、1941年3月に中国に美術品（古物十数万点）を返却することにし、両国で共同声明を発表した。これは美挙というよりは、中国の対日世論に配慮したものである[51]。

第二次世界大戦後の日本では、多くの美術品が生活必需品の取得の手段として売却され、海外に流失した。日本は、自国美術品の流失、アジアの美術品をめぐり、保護と収奪の両方を経験することで、アジアの国々が所持する美術品・文化財が散逸や毀損することを防ぐことがアジアの国々の文化を守るために有益なだけでなく、日本がアジアの国々から信頼と相互理解を深めるための良策と考えるようになった。

こうして、日本はユネスコの文化財保護への関与、さらにアンコール遺跡修復事業を継続し、カンボジアの日本への信頼を得たことが、日本のカンボジア平和構築に寄与するための道筋をつけたと考える。

第2項　カンボジア民生の安定と方法論

1954年にフランスがベトナムのディエン・ビエン・フーで敗北し、ジュネーブで休戦交渉が成立、インドシナに独立の気運がでてきた。日本は、第二次世界大戦中に資源確保のために仏印進駐（南ベトナム占領）を強行したことで逆にABCD包囲陣が築かれ、太平洋戦争に突入した経緯もあり、インドシナ情勢に対して慎重な構えを崩さなかったが、重大な関心を寄せていた。

日本とカンボジアとの交流は、1976年に、ベトナムが南北統一し、さらにインドシナ半島全体の覇権を行う構えを見せた段階で、はやばやとNGO団体[52]がカンボジアで活動を開始したことに始まる。国家が自立し、急成長を進めるためには戦争で被害を受けたインフラを整備することは重要であるが、そこに住む人間が幸せに暮らすための基本的な権利である衣食住、特に食糧生産と国家の将来を担う子供たちへの支援をおろそかにしてはいけない。これは、第二次世界大戦後の日本の復興体験に裏打ちされている。日本の国内は空襲の被害で多くの校舎が失われ、当時の小学生たちは「青空教室」と2部制授業を経験した。また、子供たちの栄養失調を救ったのが、学校給食制度とアメリカのガリオア資金[53]にもとづき給食で提供された脱脂粉乳であったのである。

カンボジアは、長い内戦が終了し、子育てをする環境ができつつあるが、かつての日本のように「多産多死[54]」で、まだ児童の基礎教育も完全に実施されていない。日本政府はカンボジア医療施設充実のための援助をしてきたが、日本のNGOは、そこに通院する子どもの栄養状態が悪いことに注目し、首都プノンペンで、病院給食制度確立[55]に手をさしのべている。すなわち、子どもの健康管理から初等教育支援という流れで、政府とは違う分野でNGOがきめ細かな対応をしている。

また、カンボジアでは、内戦の影響で教育を受ける機会の無かった大人を対象に、ユニセフが1980年代後半から「識字教育」を開始しており、1991年からユニセフの「女性と開発課」は小額融資活動と結びつけた識字教育を行っている。ユニセフの識字教育を行う現場は小学校の教室であるが[56]、内戦終了後のカンボジアでは、小学生が学ぶ小学校の教室の絶対数が少ないので、まず、この問題を解決することから始める必要がある。

1994年に発足したNPO法人「カンボジアに学校を贈る会」は、1994年にカンボジアに小学校をつくる事業に着手した。会報110号によれば、2011年9月現在建設を完了した学校は125校となり、1校を建設中である[57]。

この学校建設事業は外務省が2002年度からNGO連携無償資金協力の対象にしており、2009年2月に着工式を行ったコンポンチャムのトゥコウ小学校が対象校になっている。これ以外にも国際交流基金から2004年に「地球市民賞[58]」の表彰を受けた「セカンドハンド」の活動がある[59]。また、(株)ドトールコーヒーは、社会貢献活動の一環としてカンボジアの学校建設を応援しており、コーヒーショップのカウンターには募金箱を設置している[60]。今後は、日本の企業もその企業理念に合致した社会貢献活動に参加することと思われる。

第3項　内戦終了後の平和構築活動

ベトナム軍がカンボジアから完全撤退し、１９９１年10月にはパリ和平協定がカンボジア４派（ヘン・サムリン派、ポルポト派、クメール人民民族解放戦線、シハヌーク派）、日本、オーストラリア等の19カ国によって調印されることになった。ここにこぎつけることができたのは、日本政府が中国[61]やアメリカ[62]のカンボジアに対する外交姿勢転換のタイミングを捉え、病気治療中のフンセン氏[63]と接触し、シハヌーク国王に精力的に働きかけを行ったためである。

１９９２年1月9日に国連は明石康を国連事務総長特別代表に任命し、3月15日に明石特別代表が着任し、その下にジョン・サンダーソン（オーストラリア軍中将）を軍事代表とする国連カンボジア暫定統治機構（ＵＮＴＡＣ）によるＰＫＯ活動が開始された。ＵＮＴＡＣはカンボジア各派の停戦、武装解除、動員解除、自由公正な選挙の実施、治安維持（警察活動）、難民帰還の支援、経済復興等の行政管理的任務にいたる広範な業務を担うことになった。これに対し、日本政府は１９９２年10月から自衛隊（６０８名）や文民警察官（75名）等半年単位で合計2度の派遣を決め、一般市民である日本国民も選挙監視団の一員として国連ボランティア（41名）として加わることとになった。

自衛隊の本格的なＰＫＯ活動のはじまりとなったカンボジアの活動がどのようなものであったか振り返ってみたい。

自衛隊の派遣は防衛庁の管轄での派遣ではなく、内閣府国際平和協力本部事務局管轄での派遣で、事務局の本部長は宮澤喜一内閣総理大臣であった。陸上自衛隊の海外派遣は初めてであり、護身用に携帯する武器に細かい制限があり、現地での活動は細心の注意が払われた。しかし、自衛隊の2度目の派遣前に国連ボランティア[64]と文民警察官が殉職し、日本政府は危機感を持ち、タケオに宿営した施設部隊に本来任務以外の活動を期待した[65]。施設部隊の本来業務は内戦で荒廃した国道2号線と3号線等の道路や橋の修理のほか、UNTACを構成する部門への給水、給油、給食、医療、宿泊施設の提供や物資の輸送、保管を行うことであった。停戦監視要員は8名であったがこの役割は大きかった。その任務は、武装解除によって宿営地に集められた武器の保管状況等の情報収集や停戦違反の監視・説得である。他の派遣国と情報交換しながら、紛争後の処理を行う業務は、その後の自衛隊のPKO活動に対するノウハウの蓄積と自信にもつながった[66]。

陸上自衛隊にとってカンボジアが海外派遣の最初のケースであり、第1次派遣前の1992年7月に35人が選抜され、スウェーデン陸軍のアルムネス国連訓練センターで、PKO活動を知るために訓練を受けた。PKO活動は国際関係において重要な位置を占めており、国連安全保障理事会がPKO活動を決定した際には、日本は自動的に費用の16・6%を負担することを余儀なくされており、むしろ財政的負担をするだけでなく、積極的な関与が望ましいと思われる。

今後は日本も日本独自のPKO訓練センターを設立し訓練を恒常的なものにし、また国連の要請に応えて迅速に対応できる装備を持つことも必要があると考える。例えば、タイはPKO活動用の「ホテルシップ」を所有しているが、造船王国の日本であれば、ホテルシップの建造はたやすく、国民の理解を得ることは決して困難ではないと考える[67]。

第4項　カンボジア和平と日本の文化外交

日本政府が外交政策の柱として「人間の安全保障」を明確に打ち出した現在、「欠乏からの自由」を解消する手段として「文化協力」は即効性のある協力ではないものの確実に相手国と相手国の国民に良い結果をもたらすものである。国連カンボジア暫定統治機構による平和維持活動と並行して行われたのは、ソフト・パワーとしての文化協力であった。具体的には1993年3月、在カンボジア・ユネスコ代表部で、今川日本大使[68]とコスト・フランス大使が共同議長となってアンコール遺跡の保存修復の国際委員会を設立した。

このことが実現できたのは、25年以上に及ぶ上智大学遺跡調査隊の地道な調査の裏づけがあり、またこの調査が単に遺跡調査に終わらず、文化協力[69]の礎になったのはアンコール遺跡を含む遺跡群に対し、ユネスコが1972年11月に提言した世界遺産条約の条文を上智大学の遠藤宣雄が熟読し、文化遺産と地域発展に貢献するヒントを見つけ[70]プロジェクトの方式（遺跡エンジニアリング[71]）を上智大学が採用し、活用したためである。

アジアの3大仏教遺跡は、ミャンマーのパガン遺跡、インドネシアのボロブドゥール遺跡、カンボジアのアンコール遺跡である。アンコール遺跡が世界から注目された理由は、アンコール遺跡と他の遺跡に対する取り組み方法の違いによるところが大きい。ミャンマー人は敬虔な仏教徒であるが、ミャンマー人は古い仏寺を修復しても功徳がないので、新しい寺を寄進したいと考えており[72]、また軍事政権下なので容易にユネスコ等の勧告が通らない。インドネシアのボロブドゥール遺跡の場合、ユネスコは、1968年の総会決議で、開発の一部としての文化遺産保存という理念を掲げ、この決議に対する事業計画を文化観光開発と呼んでいたが、当時はまだ「文化観光」の概念は定義づけられていなかった[73]。

ユネスコは文化観光開発の中でボロブドゥール（インドネシア）、モヘンジョダロ（インド）、バーミヤン（アフガニスタン）の3遺跡に援助を与えることにした。中部ジャワの古都ジョグジャカルタの西北約40キロメートルにあるボロブドゥール遺跡は、奈良の東大寺より少し遅く、シャイレンドラ王朝下に8世紀から9世紀にかけて建造された大乗仏教遺跡である。この寺院は東大寺大仏殿以上の規模を有し、両者は石造と木造の違いはあるが、仏教伝来の南東と北東の終着点にほぼ同時に造営された。

1972年、インドネシア政府は修復工事の見積額775万ドルをユネスコに示し、ユネスコはその3分の2を国際募金でまかなうことで合意した。工事は1975年に着工され、7年かけて終了した。総工事費2200万ドルの内の3分の1に近い650万ドルは国際的な寄付でまかなわれたが、注目すべきことに日本の寄付は政府が115万ドル、民間が121万ドルで、各国で最高であった[74]。言葉の上では「文化協力」の語こそ冠することはなかったものの、日本及び日本人はこの時点で文化協力で大きな足跡を残したといえる。

この実績に対する自信がその後のカンボジアに対する文化協力で如何なく発揮されたともいえる。しかし、ボロブドゥール遺跡は立派に修復されたものの、インドネシア政府は住民が遺跡に隣接して生活することを認めなかったので、遺跡に対するアイデンティティを育めなかったといわれている。このような遺跡に対する不十分な対応を念頭にいれた上で、日本はアンコール遺跡に対して最善の策を練った。

上智大学アンコール遺跡国際調査団25年史[75]に基づき、調査団の活動と日本政府のカンボジアへの対応、国際活動（ユネスコ、カンボジア政府の活動）を対比しながら検討したい。

上智大学調査団の活動は、3期に分かれ、第1期が1980年代、第2期が1990年代、第3期が2000年代である。1980年7月に第1回石澤調査団を派遣し（当時、石澤教授は鹿児島大学に所属）、日本政府は、1980年5月26日にカンボジア難民に1億ドル援助を表明した。1982年4月に上智大学アジア文化研究所ができると、10月に石澤教授が鹿児島大学を退職し、母校の上智大学へ戻った。1984年4月に上智大学アジア文化研究所において「アジア文化遺産の再発見研究会[76]」（略称：遺跡研究会）が誕生し、これが後の上智大学のアンコール遺跡国際調査団につながる。

同年、民主カンボジア連合（ポルポト、シハヌーク、ソンサン）が国連に議席を得て、カンボジア情勢が変化し、1984年5月にはシハヌーク殿下が日本を訪問し、日本への期待が高まってきた。

1988年は、竹下総理のイニシアチブ[77]で日本の文化政策が変化した年であり、アンコール遺跡調査の環境が整った。同年、カンボジアでは観光省が設置され、ユネスコの「世界文化発展10年計画」に参加した。上智大学の遺跡研究会は、1984年から1990年まで活動し、参加国全員が現地で活動することを計画していたが、他の国は国内事情で参加が実現せず日本単独で活動することになった。この活動の中7回の国際シンポジウムを行い、その後の活動方針となる「遺跡エンジニアリング」があみだされた。1989年3月に上智大学の第1次アンコール遺跡国際調査団による調査が行われた。その後、毎年2回以上調査が行われ、2006年8月には第46次調査が行われた。

日本政府は6月に内閣官房外政審議室に「国際文化交流担当室」[78]を開設した。7月30日に、パリでフランスとインドネシアが共同議長国になって、「カンボジア和平に関する国際会議」（パリ会議）が行われた。パリ会議は、第1委員会で、軍事問題、第2委員会で国際保障、第3委員会で難民問題が議題とされ、日本は第3委員会でオーストラリアとともに共同議長を務めた。

1990年代になるとカンボジア和平の機運がもりあがり、1990年6月4日にカンボジア東京会議が行われ、国連でも安保理の5大国がカンボジア問題に取り組み、8月27日～28日の6回目の交渉で「枠組み文書」が作成された[79]。1991年10月23日にカンボジア和平協定が締結され、会議にはカンボジア各派と関係18カ国の首席代表が参加した。このような国際関係の進展と連動して、文化関係も大きく動いたのであった。

上智大学は、カンボジアの平和構築の枠組みがつくられつつある段階で、遺跡保存にとどまらず研究者[80]、実務者（石工）[81]の養成を行い、さらに日本留学[82]の道をつけ積極的に関与した。このように遺跡保存の専門家を育てていることは、世界遺産条約に造詣の深い専門家[83]からも高く評価されている。

カンボジアの国際情勢はさらに変化し、和平会議への地ならしとして1992年2月4日、プノンペンの王宮でシハヌーク殿下主催の王宮会議[84]が開かれた。さらに6月4日にカンボジア東京会議、9月9日にはカンボジア和平会議が行われた。

和平機運の増大にあわせ、ユネスコもアンコール遺跡修復へ支援準備にのりだし、8月23日、24日、ユネスコのプノンペン事務所で「マスタープラン検討会[85]」が開かれた。1993年10月12日、13日の両日、東京でアンコール歴史地区の救済及び開発に関する政府間会議（アンコール遺跡救済国際会議[86]）が開かれ、アンコール遺跡救済国際調整委員会（ICC）が発足した。さらに、ユネスコは1992年12月から1993年8月の9カ月間、国連開発計画の資金27万4900ドルを活用してアンコール遺跡調査（ZEMP[87]）を行い、報告書を作成した。

カンボジア政府の国民文化最高評議会（SNC）は、ユネスコの意見を尊重しつつも、マスタープラン検討会の提言を重視し、「アンコール遺跡を一元管理するための機構[88]」をつくるという世界でもまれな画期的な判断をくだした。

カンボジア政府は、アンコール遺跡をユネスコが世界遺産登録の条件と考えた内容に合致させるべく、一元的に管理する横断的な組織のアプサラ機構を成立させた。このように国際機関の監視体制（ICC）を整えた上で、保護地域と緩衝地域の設定を1994年5月に行い、さらに1995年12月に新文化財保護法を国会で採択し、世界遺産登録をユネスコに申請した。

これに対し、ユネスコでは、ベルリンで開催された1995年12月の第18回世界遺産委員会で、アンコール遺跡の申請が行われ、1992年12月に遡り、「危機に瀕している世界遺産リスト」に登録した。アンコール遺跡を保護し、活用する体制が国内で整い、国際的支援も得て、アンコール遺跡をめぐる活動は順調に推移し、2004年7月の蘇州での第28回世界遺産委員会でアンコールは、「危機に瀕する遺産」のリストからはずされるまでになった。

上智大学アンコール遺跡調査の地道な活動は継続され、2000年8月に、バンテアイ・クディ遺跡で廃仏と千体仏柱が合計で274体も発掘された。アンコール遺跡発掘史上、1カ所でこれほど多くの廃仏が発見されたことはなく、定説をくつがえすほどの快挙を成し遂げた。この仏像は、2007年11月から「シハヌーク・イオン博物館[89]」に展示されている。

カンボジアは、インドシナ3国の中で経済的には最貧国[90]であるが、ボーキサイトや石油等の天然資源が存在し未開発な状態であり、今後の経済発展の可能性が高い。また、カンボジア国民は勤勉で、他国からの援助に「依存」することに必ずしも賛成ではないが、1日も早い復興に「経済援助」が大きな助けとなっていることも事実である。これに対し中国は、著しい経済成長を背景に世界各地で資源獲得のために派手な「経済援助外交」を展開しつつあり、カンボジアに対しても触手をのばしつつある。このような中国の外交政策に対しカンボジアの最大の援助国である日本は、危機感をつのらせている。

日本は、カンボジア内戦終了後の国際関係を冷静に分析し、カンボジア和平を軌道にのせるために貢献した。また単なる経済援助ではなく、「文化立国」を標榜したカンボジア政府、カンボジア国民の意向を尊重し、官民一致して文化協力を継続してきた実績がある。今後、カンボジアは遺跡を活用した文化観光が盛んになると考えられるが、カンボジア政府は、アプサラ機構の機能を充分活用し、アンコール遺跡群を単なる金儲けの手段と考える外部資本とこれに便乗する一部の政治家や役人に対する監視を強める必要がある。

日本は2006年6月に「海外の文化遺産の保護に係わる国際的な協力の推進に関する法律[91]」を施行した。かつては文化協力に関し、文部科学省と外務省は個別に対応してきたが、この法律ができたことで、相互に協力する体制が整い、両省は2007年12月24日付で紛争や自然災害で危機に瀕する海外の文化遺産の保護、とりわけアジアを重点地域として取り組むことにした。日本は、カンボジアで懸念される極端な経済格差と環境破壊に関し、有益な助言を行える立場にある。日本のカンボジアに対する「文化外交・文化協力」の継続が文化遺産保護の国際協力を法律として明文化したことによって、文化協力を加速させることになったのである。

第3節　日中関係と文化協力をつうじた平和構築

日中関係を考える場合、中国文化の影響力を考える必要がある。かつて日本は、中国との交流から「漢字」や「仏教」を取り入れた。韓国やベトナムも「漢字」を取り入れたが、その影響をおそれ、独自の文字を使うことになった。一方日本は、国風文化を築き、日本文化の独自性を明確にすることができた[92]。明治維新後の日本は留学先を中国から欧米に変えて西欧文化・技術を取り入れ、近代化を果たしたが、欧米留学生の役割は大変大きなものであった。中国は清国時代から第二次世界大戦前に日本へ留学生を派遣し、また日本に留学生を支援する民間団体ができた[93]。留学生は中華人民共和国成立後も知識人としてあるいは政府の要職者としての地位を保ち、日中国交正常化以前から、経済交流・文化交流が継続された。逆にいえば、経済交流・文化交流が日中間の「壁」に風穴をあけたともいえる。その象徴は中国が国交を結ぶ際に「賠償」の権利を放棄[94]したことである。日本に賠償を請求しないと日中交流の責任者に明言したことは、帰国後に松本治一郎[95]の口をつうじ多くの日本人に知らされた。日本留学経験があり、日本人の国民性を知る周恩来には日本人の反応を予想できたからである。このことが後の日中国交交渉に反映し、結果的に心情的に反応した日本政府と日本国民が、ＯＤＡと形を変えて多額の借款を提供する体制を築き、結果的に「恩」に報いた。

しかし、中国も世代交代が進み、日本に対する「親近感[96]」も薄れ、大国としてのリアリズムに徹し、大国として工業化を加速すべく、「資源」外交を展開するようになった。社会主義国家である中国は、イデオロギーが重要な役割を果たしており、中国の対外文化政策は中国の国策宣伝に役に立つか否かで行われている。

中国は文化と密接な関係にある宗教について、中国の政府を批判しないことを前提にして許容しており、中国に多く存在する仏教遺跡も、中国政府や多くの中国人にとってはかつて中国で流布した「仏教」を示す遺物であり、カンボジアあるいは日本のように信仰あるいは宗教の伝統を示すものではないことを考慮する必要がある[97]。

第１項　中国外交から見た知識人

中国の外交、正確には中華人民共和国の外交と文化の関わりについて述べてみたい。２０１５年現在の中国は国連の安全保障理事会の常任理事国として超大国のアメリカを除けば、最大の発言力があり、国際社会で注目されている。しかし、中国が大国としての発言力を持つために逆に「外交努力」をしてきた歴史がある。毛沢東が成立させた中華人民共和国は、蒋介石との内戦に勝利し、朝鮮戦争では、アメリカを中心にした国連軍と対峙するという「戦争」を経験することで国家の基礎を築いた国であり、日本や西欧諸国とは本質的に異なっている。しかし、中国が大国になることができたのは中国の政治家に指導力があったからだけではなく、毛沢東が指導する中国共産党が中国人の国民性を熟知し、国民に「国家の意思」を示し「四つの近代化[98]」を推進したからである。第二次世界大戦後の日本政府は逆に「国民の意思」を尊重し、勤勉な国民性を活用し、経済大国になった。

中国の「国家の意思」は、有史以来国際社会で中華帝国が重要な位置を占めたことと同様に、国際社会で重要な位置を占めることである。「大国」となることが戦略目標であり、そのためには「外交」を活用し、国力を充実させるために「外交」を利用することである。そして外交を有利に働かせるためにはマルクス主義の原則に縛られず、柔軟に対処してきた。

日本は1951年にサンフランシスコ講和条約を締結し、再び独立国になり、翌年に台湾と日華条約を締結し、台湾（中華民国）を正式の中国政府として認めた。その結果として大陸の中華人民共和国は日本と国交を結ぶことができず、日本との国交回復に向けて、民間中心の経済・文化交流をとおし、実績を重ねることで時期を待つ戦略をたてた。すなわち、明確なパブリック・ディプロマシー[99]を決め、日本の経済界、文学界の中から中国に関心を持つ人物を絞り、「招待外交」を展開した。日本留学経験者でパブリック・ディプロマシーの当事者である「郭沫若」と招待外交の対象者である「堀田善衛[100]」をつうじて中国の文化外交を探ってみたい。

中国においては、「文学と政治[101]」は決して別の次元のものではなく、政治状況を説明し、批判するために「文学」を活用してきた。その意味で「文学と政治」との結びつきから考え、「郭沫若[102]」は格好の人物であった。郭沫若は国共合作による抗日戦に参加するために亡命先の日本から1937年に中国に帰国[103]した。国民党政治部を復活し、副部長に共産党の周恩来が任命され、そのもとに4庁（総務庁の他に3庁を置き、1庁が軍内党務、2庁が民衆組織、3庁が宣伝文化活動をする）が設立され、武漢で活動を開始した。このように、郭沫若が日中戦争時代に国民党と共産党の橋渡し役となり、宣伝文化活動に従事した実績のあることを毛沢東は周恩来をつうじて知っており、パブリック・ディプロマシーの一環で1963年に中日友好協会[104]が設立された時も、郭沫若を対日窓口[105]に起用した。日本は日本留学経験が長い郭沫若を親日派[106]として理解しており、日中間で対応に大きな誤差を生じていたと思われる。

日本は、第二次世界大戦前に満州国を国際連盟から独立国としてみなされず、国際連盟を脱退し、国際的に孤立して日中戦争に突き進んだ歴史がある。当時の日本政府は、中国との争いを局地戦に留めたいために宣戦布告をせず、「事変」という形で扱ったが、中国は日本との戦いを消耗戦[107]にし、不当の侵略であると国際社会に訴え、「日中戦争」であることを明確にし、長期化させることで解決の糸口を見つけた。中国政府（蒋介石）は日中戦争当時にパブリック・ディプロマシーは確立していなかったが、国際社会に訴える努力をした。

一方の日本はハード・パワーに力点を置き、事態を深刻に捉え、局面打開のための文化交流の試みは僅かであった。この文化交流の中心となった政府系機関が現在の国際交流基金[108]の前身である国際文化振興会であり、国際文化振興会の中心人物である岡部長景[109]は、「対支文化事業は日本及び東洋の使命[110]」とまでいっている。

すでに第1章第3節で取り上げたように堀田善衛は、国際文化振興会で第二次世界大戦中に対支文化事業に取り組み、一貫して中国に関心を持って取り組んできた。中国は堀田を日中友好に欠かせぬ人物として高く評価しており、中国の招待外交の対象者に選び、堀田をつうじて中国の文化外交の真意を日本に伝えることができるように努力した。

堀田は、中国でのさまざまな経験から二国間交流と多国間交流の違いを認識し、二国間交流では、特に当方の思いこみで対処するのではなく、相手の立場を十分に理解した上で交流することの大切さを説いた。日中国交回復も手放しで喜ばずに冷静な眼で見ていた[111]。

中国に於いては、考古学も文学同様あるいはそれ以上に政治的意味を持っている。中国は、広大な領土を持ち、古い歴史がある。すなわち、文化交流をつうじ、中国文化の歴史と中国文化の素晴らしさを示し、相手国国民に感銘を与え、「中国文化」の崇拝者をつくることも可能である[112]。

東京国立博物館で開催された１９４９年の中華人民共和国成立から１９７２年の日中国交回復までの展覧

会の内容を見てみると、当初は、日本人の好みに合わせ、書画や美術品を見せ、次第に中国の歴史、さらに中国の文化を示す出土品を見せるというシナリオを描いている[113]。日中関係が軌道に乗った後は、日中友好協会創立50周年の節目の2000年に「中国国宝展」をするという大きな戦略をたてていた。

第2項　経済から見た日中交流

中国が文化・経済の積み上げ方式で、国交正常化に結びつけ国力を強化したことに対し、日本はどう対応したのであろう。日本は第二次世界大戦後の「経済復興」が自助努力だけでなく、同盟国アメリカの援助や世界銀行等の国際機関からの援助も大きな力になったと考えていた。すなわち、国家の復興は経済にあると考え、その延長線で、経済外交を展開し、特に中国に対しては「政経分離」で実績をつくり、最終的に国交に結びつけた。しかし、日本が「政経分離」で対処を継続したことで、中国はODA供与相手国になり大幅な経済援助が可能になったが、必ずしも日本の考えるような経済発展ではなく、飛躍的な経済発展に支えられた軍事大国となり、結果的に中国に脅威を示す日本人を増やすことにつながった。

国家間の経済関係が純粋な経済関係を維持することは困難なことであり、次第に政治的な思惑に左右されることになる。日中友好貿易開始から日中国交回復にいたるまでの日本の経済外交の軌跡を追うことで、日本の経済外交の課題を明らかにしたい。

1950年代は日本の経済外交は確立されておらず、第二次世界大戦前から中国と個人的パイプを有する人たち[114]の中国アプローチが始まった時代であった。この時代に経済団体として日中貿易促進会[115]、日本国際貿易促進協会[116]、日中輸出入組合[117]等が成立した。またこれらの団体をバックアップする日中貿易促進議員連盟[118]もできた。第1次日中間貿易協定[119]が1952年6月に、第2次日中民間貿易協定[120]が1953年10月に、第３次日中民間貿易協定[121]が１９５５年５月、１９５８年５月に第４次日中貿易協定が締結された。しかし、日中貿易が日本全体の貿易に占める比率は低く、１９５２年が16（百万ドル）で０・５%、その後多少増大し、１９５７年は１４１（百万ドル）で２・０%になったが、「長崎国旗事件[122]」で頓挫した。この事件により「政経分離」にもとづく友好貿易の限界が明らかになった。政治色の強い友好貿易と一線を画す動きが日本側に出てきて[123]、１９６０年代になると、友好貿易とは別に政府間貿易、「ＬＴ貿易[124]」が始まった。

１９６２年に始まったＬＴ貿易はＭＴ貿易（覚書貿易）として１９６８年３月から新たにスタートして1年更改になった。この背景には、日本がサンフランシスコ講和条約を締結する際に、日本の吉田首相が早期の講和条約締結をめざし、講和会議に第二次世界大戦で主戦場の１つであった中国を招請しなかっただけでなく、講和条約締結後の１９５２年４月28日に台湾の中華民国を中国の正当な政府として認め講和条約を締結したことにある[125]。

すなわち、中華人民共和国を国際社会から排除した当人の「吉田書簡[126]」の存在に中国は嫌悪感を示し、日中貿易が吉田書簡に制約されることを中国側は反発し、次第に友好貿易が拡大される方向に向った。

ベトナム戦争終結をめざすアメリカの対中接近がきっかけで日本の政界が中国に急接近し、１９７２年の日中国交正常化に向い、政府間協定が結ばれ、１９７２年11月には政府と経団連の支援する日中経済協会ができ、政府間貿易の窓口は、覚書貿易から日中経済協会に継承された。

徐承元は日本経済外交の推進者を政府レベル行為者、政党及び国会議員、民間経済組織及び外国政府[127]としている。中国政府は、日本に対し中国市場をめざす政府レベルの官僚機構を駆使した経済外交を引き出すために、招請を個人レベルから次第に組織レベルに格上げし、民から官へ、小額取引からプラント規模へと導いた。果たして日本の当事者は自分が行っている役割を充分に認識していたのであろうか。

第3項　平和構築（予防外交）としての日中文化協力

日本は中国の文化・経済から始め、日中国交回復にいたる「積み上げ方式」に対し、「政経分離」の経済外交でのぞんだが、しばしば、中国の政治重視の「外交力」の前に方向転換を余儀なくされた。しかし、戦後の新生日本は、国際社会への復帰もユネスコ加盟をあしがかりにしたことからもわかるように、必ずしも「経済一辺倒」ではなく、文化を大事にしてきた。

現在の日中関係には多くの懸案事項があり、これを解決するのは容易ではない。仮に、双方の国民感情が悪化すれば、紛争に発展する可能性がある。予防外交[128]の観点から日中文化協力の重要性が高まると考えられる。

まず、日中間の懸案事項を挙げ、予防外交の方策としての文化協力について説明してみたい。すなわち、今後の中国への対応は、「経済」を焦点にした短期的な視野ではなく、隣国として長い文化交流のある国として長期的視野に立ち、文化協力の原則にのっとって、対応することが日中双方の国民に安心と親近感をもたせ、安全保障に役立つと考える。

日中関係には、さまざまな未解決な問題がある。尖閣列島の領有をめぐる争いは30年たっても解決せず、海底資源の確保のために、中国は1970年代から東シナ海の海洋調査を実施し、1980年代には「日中中間線」に近い中国側海域の20数箇所で石油資源のボーリングを行った。その結果、「日中中間線」をはさんだ東シナ海の真ん中の大陸棚の開発が有望だとわかると、1990年代に具体的な開発に着手した[129]。このような中国政府の行動は不当だと日本国民が感じているさ中の、2008年1月に、日本の生活協同組合が輸入した中国製冷凍ギョウザから毒性の強い農薬「メタミドホス」が検出された。中国政府は、安全管理は十分行っているとの説明に終始したが、２０１０年開催の上海万国博覧会の開催前に、ようやく真犯人を逮捕し、日本側に通知してきた。

日中間で武力衝突をおこす等の不測事態を回避するためには日頃からの信頼醸成が不可欠であり、その手段として両国の国民感情を和らげる文化協力は適切な行為である。

文化協力の定義は第1章で説明したとおり、ユネスコの「国際文化協力の諸原則に関する宣言」（14Ｃ決議）を根拠としている。第4条で「文化生活を豊かにすることに貢献するようにできること」と書かれ、第6条で「国際協力は、その恩恵的措置をつうじてすべての文化を豊かにするように振興する場合においても、おのおの特質を尊重しなければならない」としている。上記の原則に照らし合わせ、日本の中国に対する文化協力を考えなければならない。すなわち、中国の「特質」を尊重することと、中国の「文化生活」を豊かにするために日本に何ができるかが重要である。

中国の特質は歴史の古い国であり、各々の時代ごとに文化がある。現在の中国共産党政権は、中華人民共和国の正当性を強調するために近世史以後の欧米列強と日本の侵略と中国国民の抵抗の歴史に焦点をあてているが、中国の長い歴史の一部分にすぎない。また、文化伝達経路としての中国の役割[130]を明確にすることは、近世以前の中国の文化価値をしめすことになる。さらに、中国文化は中国が多民族であったために多様な文化が開花した[131]のであり、中国は歴代王朝から現代にいたるまで、中華思想[132]のもとで中央政権の政権基盤を固めたことは事実であるが、中国の首都と首都に住む人間だけでは中国文化を維持できなかったことも明らかである。端的にいえば、中華料理といっても地方ごとに味も種類も違うことは世界でも知られており、文化についても同様で中国の地方文化を尊重することは国民の「文化生活」を豊かにすると考える。

日本は中国国民が中国の歴史・文化に愛着を持ち、地方文化を尊重することに協力することで中国国民の文化生活に貢献し、このことは同時に中国政府の「中華主義」に歯止めをかけることになる。方法としては図書館と博物館の充実が重要になる。また、文化協力が進展することで、日本に留学を希望する学生の事前教育体制のために図書館を充実する必要があり、日本へ留学した学生の帰国後の活動範囲も拡大する。

具体的には、日中交流史の研究のために、上海あるいは南京に図書館[133]を併設した「日中交流史博物館」の建設を検討しなければならない。交流史博物館の運営は日本の国立民族学博物館のノウハウを充分に活かし、ユネスコ・アジア文化センターの支援を得て設立するのがよいと思う。

この博物館では、中国の未来を担う小学生に日本文化を知る機会を提供したい。そのためには日本の金沢21世紀美術館が積極的に行っているように、小学生向けの「ワークショップ」を開き、日本人のエデュケーターは、中国人のスタッフや日本に留学経験のある中国人学生ボランティアの協力を得て教育普及活動をすることが望ましい。

また中国の小学校へ巡回展示を行う際は、日本が得意とする「アニメ」版の交流史や日本文化を紹介する「カルタ[134]」を活用することで、子どもたちの視覚に訴えることが効果的であろう。

青年海外協力隊員は多岐にわたって活動しているが、文化面では日本語教育以外は、小学校や幼稚園の現場に派遣されていた[135]。さらに、これから日本は日本紹介の博物館施設を中国国内に建設するだけでなく、そこに、青年海外協力隊出身のエデュケーターを配置し、日本文化の紹介をする必要があるだろう。そのためには青年海外協力隊の募集要項に博物館勤務（エデュケーター）の項目を追加すべきである。

日本国内では、学芸員資格取得者が増えても資格にみあうだけの職場が提供されず[136]、文部科学省が専門性、資格取得条件の厳格化を検討している。もし、エデュケーターを職種として確立できれば、学芸員資格の活用が国際化し、活用範囲の拡大にもつながるであろう。

注釈

1　第3章2「グローバリゼーションとローカリゼーション」、専修大学社会科学研究所編『グローバリゼーションと日本』、専修大学出版局、２００１年、75頁。

2　来栖薫子「人間の安全保障」、高坂章編『国際公共政策入門』、大阪大学出版会、２００８年、29頁。

3　概念の骨子は、1．従来の南北関係を超えて提起される世界共通性、2．国境でくい止めることのできない危険を生む相互依存性、3．諸問題を生じる前に対処しておく早期予防、4．人権を拡充し、保障していく人間中心性等である。対象は、「経済、食料、健康、環境、個人、地域社会、政治」、7つの安全保障としている。

4　吉田ドクトリンとは、１９８０年代の日米防衛論争で戦後日本の基礎を築いた吉田外交（非核、軽武装、経済大国）を永井陽之助が高く評価したことにある（添谷芳秀『日本の「ミドルパワー」外交』、筑摩書店、２００５年、〈ちくま新書〉、96頁）。

5　ＡＡ会議とは、１９５４年3月にインド、ビルマ、インドネシア、セイロン等がセイロンのコロンボで会議を開き、さらに12月にインドネシアのボゴールで5カ国首相が共同議長国として参加招請国を決め、１９５５年4月、インドネシアのバンドンで非同盟諸国を含む29カ国で会議を行った。

6　詳細は後述。

7　朝日新聞、１９５５年4月22日。

8　平松茂雄『中国の安全保障戦略』、勁草書房、２００５年、１６８頁。

9　宮城大蔵『バンドン会議と日本のアジア復帰』、草思社、２００１年、１９５頁。

10　a．経済協力、b．文化協力、c．人権及び自決、d．従属下の民族の諸問題、e．その他の諸問題、f．世界平和と協力の推進、g．世界平和と協力の推進に関する宣言。

11　岡倉古志郎編『バンドン会議と50年代のアジア』、大東文化大学東洋研究所、１９８６年、史料（アジア・アフリカ会議最終コミュニケ）３３９〜３４９頁、毎日新聞、１９５５年４月25日。

12　高碕代表は１９５５年４月19日の一般演説で、「アジア・アフリカ地域の文化交流の重要性を指摘したいと思います。本会議参加国の多くは輝かしい固有の民族文化の他に、共通の精神文化を伝承しております。とは言え、従来はこの一大文化圏に在っても、各国相互間における文化交流は必ずしも充分とは言えず、相互啓発や相互理解に欠くところが多かった事実を認めざるを得ません。本会議参加国が、相互に相手国の政治形態及び生活様式を尊重する原則に立って、学術、知識や人的交流を促進するならば、物心両面における生活内容の向上と、相互理解の増進による国際平和の確保は一層容易となることを確信いたします」と述べている（１９５５年４月19日、外務省外交記録文書、Ｂ．００４９　０２９３〜０２９４頁）。

13　朝日新聞、１９５５年４月22日。

14　大平内閣以降、日中経済協力が進み、海外経済協力基金『中国借款の概要』（１９９７年５月）によれば、１９７９年の対中６大借款のうち、上位はインフラ整備で、石臼所建設・７０８５（百万円）、兗洲・石臼所鉄道建設・１０１００（百万円）、北京・秦皇島鉄道拡張・２５００（百万円）等であった。現在はインドネシア向けインフラ整備事業が多く、２００７年３月現在、貧困削減地方インフラ開発事業やジャカルタ都市高速鉄道事業等を含め総額貸付総額で１２５２億３４００万円を成約している（『開発ジャーナル』２００７年５月号、34頁）。

15　福島は「第一の原因は、国際安全保障環境の変化と脅威の多様化、第二の原因はグローバル化の進展であり、第三の原因としては安全保障に対する考え方は２００１年９月11日に米国を襲った同時多発テロとアフガニスタン・イラク戦争のインパクト」と述べている（福島安紀子『人間の安全保障』、千倉書房、19頁）。

16　河合隼雄『日本のフロンティアは日本の中にある』、講談社、２０００年、２０４頁。

17　「人間の安全保障」案件の実例を挙げると、２００２年５月の「シエラレオネの元兵士の社会復帰」、２００４年２月の「ウクライナにおけるチェルノブイリ被災民に対する支援」、２００６年６月の「スーダンにおける人間の安全保障のための犠牲者支援と地雷回避教育プロジェクト支援」、２００８年3月の「南アフリカ共和国における女性に対する暴力対策センター設立プロジェクト支援」等多岐にわたっている（http:www.mofa.go.jp/mofaj/gaiko/hs/kikin.html　外務省『人間の安全保障基金』、２００７年）。

18　緒方貞子編『転機の海外援助』、ＮＨＫ出版、２００５年、17頁。

19　政策項目は、１．暴力を伴う紛争下にある人々を保護すること、２．武器の拡散から人々を保護すること、３．移動する人々の安全確保を進めること、４．紛争後の状況下で人間の安全保障移行基金を成立すること、５．極貧下の人々が恩恵を受けられる公正な貿易と市場を確保すること、６．普遍的な生活最低限度基準を実現するための努力を行うこと、７．基礎保健サービスの完全普及実現により高い優先度を与えること、８．特許権に関する効率的かつ衡平な国際システムを構築すること、９．基礎教育の完全普及により全ての人々の能力を強化すること、10．個人が多様なアイデンティティを有し多様な集団に属する自由を尊重すると同時に、この地球に生きる人間のアイデンティティの必要性を明確にすること。

20　伊豫谷登士翁はグローバリゼーションを「近代世界を特徴づけてきた均質化と差異化の過程が、これまでの国民国家という一元的な境界を越えて浸透し、国民国家という領域性が崩壊あるいは変形しつつある状況」と定義している（伊豫谷登士翁『グローバリゼーションとは何か』、平凡社、２００２年、〈平凡社新書〉、１０７～１０８頁）。

21　UNESCO "Globalization with a Human Face Benefitting All",2004,24p.

22　改革の3本柱は、現場主義、人間の安全保障の視点を重視した事業経営、効果・効率性と迅速性等である（緒方貞子編『転機の海外援助』、ＮＨＫ出版、２００５年、41頁）。

23　武者小路公秀『人間安全保障序説』、国際書院、２００３年、１１４頁。

24　添谷芳秀は、「ミドルパワー外交としての日本の外交の本領は、国際政治の基本的枠組みを規定する安全保障中心の場面においてではなく、大国政治とは一線を画した中間領域において最大限に発揮されるといえる」としている（添谷芳秀『日本の「ミドルパワー」外交』、筑摩書房、2005年、〈筑摩新書〉、206頁)。

25 植野篤志外務省国際協力局多国間協力課長「開発分野における国連改革の進展と課題」(第7回国連改革パブリック・フォーラム、2009年3月)。

26 野口英世賞は、アフリカでの感染症等の疾病対策に役立つことで、人類の繁栄と世界平和に資するものであり、賞の創設にあたり、小泉純一郎は総理大臣退職金を全額寄付した。

27 アフリカ開発会議(http://www.ticad.net/)。

28 荒木光也は、2008年開催予定の第4回アジア・アフリカ会議について、「今後の日本の協力が学校建設と教育行政、制度構築、学校運営、基礎教育あるいは高等教育などの教員養成のより良い組み合わせになることを期待している」としている(「国際開発ジャーナル」、2007年4月号、47頁)。

29 緒方貞子編『転機の海外援助』、NHK出版、2005年、18頁。

30 外務省のホームページによれば、東ティモール制憲議会選挙(2001年8月~9月)に19人、大統領選挙(2007年4月4日~10日)に14名派遣している。また、この監視活動にはNGOのAsian Network For Free Electionsが積極的に関与している(山田満他編『新しい平和構築』、明石書店、2005年、221頁)。

31 「いま新たに『人間の安全保障』を考える」、慶応法学第8号、2007年10月、55頁。

32 本稿はこの主旨を重視し、第4章で文化外交とソフト・パワーの関係について検討する。

33 危機管理について、「特に予知、抑止、危機管理、を重視した体制を構築することで、危機を未然に抑止することができ、危機が生じた場合は、有効性の有る対応ができることを意味する。対応の主体となるのは、日本では、自衛隊になる」とし、また能力については情報能力、抵抗能力、指揮能力の3つが必要であるとしている(興梠隆弘「防衛学研究」第18号、1997年、71~72頁)。

34 湾岸戦争は各段階に区分でき、掃海艇派遣は最終段階で決断し、実行された。初期段階は、1990年8月~9月で8月2日にイラクがクウェートに侵入し、8日にクウェートをイラクに統合した。日本は安保理決議（決議660）にもとづき行動し、対イラク経済協力の凍結、関係国への資金提供（40億ドル）を9月14日に申し出た。中期段階は1990年9月～11月で、アメリカによる人的貢献の要請に答えるべく自衛隊の派遣を含む国連平和協力法案を10月8日に閣議決定したが、法案成立のメドがたたず、廃案にした。最終段階は、1991年1月～3月で、イラクが猶予期限（11月29日の安保理事会）を過ぎても占領状態解除を行わないため、安保理決議（678）にもとづき1991年1月17日に多国籍軍の攻撃が開始され、戦争は2月28日に多国籍軍の圧勝に終わった。日本は多国籍軍攻撃開始の日に追加資金援助（90億ドル）を決めたが、各国から人的貢献を行わないことを非難され、4月24日に掃海艇派遣を決定した。

35　外交青書で「国際協調行動における日本の存在感の小ささが国際的に批判されることになったが、このような緊急事態に対応するために必要な政策や体制、法制面の準備、さらには、それらの課題についての世論の総意といった、所要の備えがないままに多くの未経験な問題に対処せざるを得なかった以上、日本政府の対応に不足や遅れがあったことは、ある程度止むを得ないことであった」としている（『外交青書』1991年版、23頁）。

36　北岡伸一『日米関係のリアリズム』、中央公論社、1991年、100～102頁。

37　海部首相は91年4月24日付政府声明で「ペルシャ湾の航行の安全回復は国際社会の要請であり、それが湾岸戦争の被災国回復にも寄与する。また、原油確保のため日本にも必要である」とした。さらに、停戦後の掃海艇派遣は海外派兵にあたらないことを強調した（『外交青書』1991年版、478頁・資料）。

38　掃海作業は、6月5日に開始し、日本及び、アメリカ、イギリス、フランス、ベルギー、オランダ、イタリア、ドイツ、サウジアラビアの9カ国で担当海域を分担し、日本は34発の機雷を爆破した。

39　イラク駐在の白石駐在武官が休暇で不在だった（手嶋龍一『1991年日本の敗北』、講談社、1993年、188頁）。

40　イラクのクウェート侵攻後、クウェート国内にいた多くの国の国民がイラクに人質として連れ去られ、どこの国の有力政治家（ヒース元イギリス首相やブラント西独首相等）も自国民の解放に知恵をしぼり、日本は中曽根元首相がフセイン大統領と90年11月4日に直接交渉し、74名の邦人を解放させ、11月7日に同道し、帰国した（朝日新聞「湾岸危機」取材班『湾岸戦争と日本　問われる危機管理』、朝日新聞社、1991年、122～126頁）。

41　石澤良昭上智大学学長は「アンコール遺跡群は明らかにカンボジア民族の至宝であり、（中略）タイが経済でいくなら、カンボジアは文化立国で、というように、持ち味を生かした国造りが必要なのではないか」と述べている（2003年5月10日、読売新聞夕刊）。

42　神奈川県立近代美術館『近代日本美術家列伝』美術出版社、1999年、64～65頁。

43　色川大吉編集『岡倉天心』、中央公論社、1984年、18頁。

44　「岡倉天心」、竹内好『竹内好全集』第8巻、筑摩書房、1980年、133頁。

45　岡倉天心『東洋の目覚め』、夏野広訳、色川大吉編集『岡倉天心』、中央公論社、1984年、69頁。

46　佐藤能丸「共同寝室生、天心と雪嶺」（『岡倉天心全集』月報1、平凡社、1979（昭和54）年10月）。

47　柳宗悦は、1936年に日本民藝館を設立し、「民藝とは民衆的工芸のことで、貴族的工芸と相対するものであり、第一は実用品であること、第二は普通品であること」とし、民藝の目標を「一つは民藝品の美しさにうたれたからです。第二にはなぜそれらのものが美しいかの理由を考え及ぶに至ったからです」と述べている（柳宗悦『民藝四十年』、岩波書店、1984年、〈岩波文庫〉、159～169頁）。

48　柳宗悦『蒐集物語』、春秋社、1974年、203～204頁。

49　浅川巧（1891年～1931年）は、1914年に朝鮮に渡り朝鮮総督府農商工部山林課林業試験所で朝鮮産主要樹木ならびに輸移入樹種の養苗に関する試験調査に従事した。一方で、朝鮮陶磁の研究を行った。浅川の柳への働きかけが実り、1921年1月号『白樺』に、柳宗悦の名で「『朝鮮民族博物館』の設立について」が発表され、募金が開始された。

浅川巧は、膳を蒐集しながら、「朝鮮の膳」という論文を書いた。蒐集された膳のいくつかは、朝鮮民族博物館に納められ、現在は、韓国中央国立博物館の収蔵品になっている（高崎宗司『朝鮮の土となった日本人―浅川巧の生涯』、草風館、２００９年、80頁、１０７～１１１頁、高崎宗司編、浅川巧『朝鮮民芸論集』、岩波書店、２００３年、３０７頁）。

50　柳宗悦「朝鮮の美術」、鶴見俊輔編『柳宗悦集』〈近代日本思想体系24〉、筑摩書房、１９７５年、２２０頁。

51　汪兆銘政権は、日本からの文物資料移管に備え、文物管理委員会を設置し、さらに、博物、図書、天文気象の三分科専門委員会を対応部門とすることで、受け入れ準備をして、史跡文物資料移管に関する共同声明を１９４１年3月27日に発表した（東京朝日新聞、１９４１年3月28日）。

52　２０００年に設立されたＮＰＯ法人ジャパン・プラットホームは、開発援助のためにＮＧＯ、政府機関、企業、メディア及び研究機関等が有している人材、資金を活用する組織であるが、その中の有力メンバーの日本国際ボランティアセンターはベトナム戦争終了後から積極的にカンボジアに関与している。オーストラリアのＮＧＯと共同で難民輸送用バス、トラック、給油車の車両サービスと補修を受け持った。

53　ガリオア資金とはＧＡＲＩＯＡ（Government Appropriation for Relief in Occupied Area）のことでアメリカ軍の占領地域に対し疾病や飢餓による不安解消のために提供した資金である。対日援助額は１９４６年度から１９５１年度までの累計で16億ドル弱であった。日本はアメリカと交渉し、１９６２年に約5億ドルの返済協定に調印した（大蔵省財政室編『昭和財政史―終戦から講和まで―』第13巻、東洋経済新報社、１９８３年、１０９２～１０９５頁）。

54　ＷＨＯによれば、乳児とは生後約1年未満の赤ん坊をさし、乳児死亡率とは１０００人出産あたりに死亡する人数のことである。

２００９年の統計で、カンボジアが１０００人出産当り68人死亡するのに対し、日本は2人死亡している。国別で数値の大きい順で、アフガニスタンが1位で１３４人、カンボジアは32位で、日本は１８７位である（国別順位―

2011年世界保健機関世界保健統計)。

55 (財)国際開発救援財団(FIDR)は1996年からプノンペンの国立小児病院で外科診療施設の改善に取り組み、現在、カンボジア保健省をパートナーとして2006年4月から5年間の小児病院給食プロジェクトを立ち上げ、2007年4月から入院中の子供たちに対し、3食の給食(1日、4000リエル)が開始された。

56 藤原幸恵は、担当した1996~1999年の間に、半年間単位、20人規模で識字教育を行い、80人が卒業している(藤原幸恵『ユニセフ・カンボジア事務所で働く』、明石書店、2006年、87頁)。

57 当会は、学校建設に必要なレンガ1個分の寄付を社会に呼びかけている。1つの学校は、5教室で成り立っており、1つの学校を建設するには土台に平らなレンガと壁用に使う2種類を合わせて4万個が必要である。すなわち、1つの学校を建設するには150円(レンガ1個)×4万個=600万円かかる。2011年9月現在、約150名の個人会員を有しているが、今後も地道に会員を増やす必要があると思われる。

58 地球市民賞については、第4章の国際交流基金の業務内容で説明する。

59 特定非営利法人・セカンドハンド(香川県)は、チャリティショップを経営、市民から提供された衣類や生活用品の全収益を利用しカンボジアでの学校や職業訓練所の建設を支援している。地元の中学生も刺激を受け、「学生部小指会」を結成し、学校建設に貢献している(国際交流基金『クロスボーダー宣言』、鹿島出版会、2005年、180頁)。

60 ドトールコーヒーの募金総額は5056万5702円(2010年2月現在)となり、2010年現在までに20校が開校されている。

61 中国は中越戦争の相手であるベトナムがインドシナ半島で覇権を確立することに危機感を持っていたが、1989年の天安門事件で失墜した国際社会の信頼を取り戻すべく、国連安全保障理事会でカンボジア和平に協力的になった。

62 アメリカはカンボジアに駐留していたベトナム軍が1989年にカンボジアから撤退したことがきっかけで、

1990年7月1日にソ連のシュワルナゼ外相との会談終了後、インドシナ政策転換（ベーカー・シフト）を宣言した。

63　フンセン氏は病気治療のために1990年4月20日に来日し、東京の順天堂病院に入院したが、日本政府が便宜をはかり、日本政府との距離が縮まった（河野雅治『和平工作』、岩波書店、1999年、177～180頁）。

64　国連ボランティアの中田厚仁氏が1993年4月に殉職された傍には日本政府が学校を建設し、アツ小・中学校と命名され、記念碑がつくられており、筆者は2007年8月に訪問した。

65　施設部隊は字義どおりに宿営地を自力で建設し、道路や橋梁の補修を行うことが任務であるが、カンボジアでは日本政府の強い意向で、投票所のパトロールが自衛隊の補修地域の情報収集のための偵察行動の一部として位置づけられ実施された（杉山隆『兵士に聞け』、小学館、2007年、〈小学館文庫〉、630頁）。

66　2006年、自衛隊法が改正され、海外での活動が「本来任務」に格上げされた。カンボジアに施設部隊として派遣された将校の中には経験を評価され、東ティモールに派遣された人もいる（2007年9月27日、防衛庁二等陸佐からの聞き取り）。

67　因みに、北澤防衛大臣は、装備品購入の合理化が進んでいることを自負し、「最近は、海外任務にも積極的に取り組んでおり、多様な装備品が必要である」と強調している（平成22年9月7日、綜合取得改革推進委員会、議事録概要）。

しかし、装備品購入の無駄が省かれていることを国民が理解できても、無駄を省いた予算で、救援活動に、どのような種類の艦船を購入すべきか国民に対し説明すべきであろう（『平成23年版防衛ハンドブック』、朝雲新聞社、平成23年、396～397頁）。

68　今川幸雄大使は、1957年にカンボジア語学研修生としてスタートした外交官であり、1992年～1995年までカンボジア大使を務め、2000年からJICAの「カンボジア国別援助研究会」の座長に就任している。

69　石澤良昭は「国際文化協力とは『ぶつかり合い』を学ぶことである。こちらが善意と思っても、カンボジア側は干渉と受け取る場合がある。日本のやり方だけが普遍的とは思わないが、こうした文化摩擦はいい意味での相互理解の始まりである」と述べている（石澤良昭『アンコール・ワット─大伽藍と文明の謎』、講談社、１９９６年、〈講談社新書〉、２１１～２１２頁）。

70　ユネスコの世界遺産条約の第４条に、認定、保護、保存、整備活用、伝承の５つの活動が示されている。第５条には、総合計画をつくるべし、実施する機関をつくるべし、方法論もつくるべしと書かれており、遠藤は、２つの条文に準拠した方法論が世界中のどこにも存在しないことを発見し、遺跡エンジニアリングを考案するヒントにした。（遠藤宣雄「遺跡エンジニアリングの歩み」、上智大学アジア人材養成研究センターの最終講義、２０１１年1月31日）。

71　遺跡エンジニアリングとは遠藤宣雄によれば「遺跡を文化的な資源とみなし、その活用を学術振興、教育、観光など多面的に図るものであり、利潤追求プロジェクトが期限を限定した生産性・経済性重視であるのに対し文化プロジェクトは時間を超越した精神性・科学性を重視したことにある」（遠藤宣雄『遺跡エンジニアリングの方法─歴史・文化遺産をどう活かす』、鹿島出版会、２００１年）。

72　河野靖『文化遺産の保存と国際協力』、風響社、１９９５年、５００頁。

73　１９９２年11月にインドネシアのガジャマダ大学とインドネシア観光郵政省共催のシンポジウムで初めて使われ、ユネスコが文化遺産の役割を拡大するためにこの概念を積極的に広めた（高橋豊「文化観光」香川眞編『観光学大事典』、木学舎、２００７年、25頁）。

74　河野靖『文化遺産の保存と国際協力』、風響社、１９９５年、５０３頁。

75　上智大学アジア人材養成センター編『カンボジアの文化復興（22）』、２００５年・２００６年合併号、遠藤宣雄『上智大学アンコール遺跡国際調査団の25年史』、１１１～１４５頁。

76　遺跡研究会は、第2代所長に石澤良昭教授を迎え、活動内容は、文化遺産研究、遺跡の保存修復、研究者や遺跡保存官の養成、アジア研究に関する文献リストの作成、方法論の構築、マニュアルやマスタープランの作成、ユネスコへの提案等多岐にわたった。活動メンバーも日本国内に限らず、タイ、インドネシア、ミャンマーの研究者が含まれていた。

77　第2章注50（77頁）を参照。

78　国際文化交流担当室の成立がきっかけで、１９８９年～１９９０年にかけて、内閣官房、外務省、文部省、日本ユネスコ国内委員会で石澤教授は講演を３つのテーマ①調査団活動紹介、②国際文化協力のありかた、③対カンボジア文化協力の考えかたと方法で行った（前掲書、前掲論文、１１６頁参照）。

79　今川幸雄『カンボジアと日本』、連合出版、２０００年、90頁。

80　研究者の養成は、プノンペンでは芸術大学の建築学部、シェムリアップではアンコール遺跡とバンテアイ・クデイ遺跡で行われた。調査団員が大学教授であるため、休暇を活用して講義を行い、芸大での講義は１９９１年３月から１９９７年５月まで７年間に11回16科目が行われ、講師は延べ59名、受講生は延べ１５００人であった。現場研修は１９９１年３月から２００６年９月まで15年間38回で、講師は延べ３２７名、受講者は１８７０名を越えた（『カンボジアの文化復興（22）』、１１８頁）。

81　１９９５年からはアンコール・ワット西参道の修復工事のため石工の養成が行われている。工事が開始されてからも養成は継続して行われているが、２００２年からは調査団員小杉氏が自宅で技術指導を行っており２００６年まで延べ13名を数える。

82　１９９８年から日本政府の留学生受け入れ制度、２０００年からは神奈川県海外技術研修事業に参加した。１９９８年からは上智大学の留学生受け入れ制度により、修士・博士取得のための人材養成が行われている。

83　稲葉信子（東京文化財研究所）は「世界遺産委員会が扱うことのできる予算が極めて限られている。先進国が大金をつぎ込んで修理を肩代わりしてしまう国際協力のあり方も、地元に人材が育たない限り、その場限りの援助に終わってしまう」と述べている（「国際交流」、２００４年1月号、55頁）。

84 王宮会議の目的は、アンコール遺跡を世界遺産に登録申請するための「協力要請」であり、招待された国や機関はすでに遺跡救済に協力していた日本、フランス、インド、ポーランド、国連開発計画、ユネスコ、上智大学調査団、ＥＦＥＯ等であった。カンボジア側はヴァン・モリヴァン情報文化省顧問を筆頭とする人たちであった（同上、１２０頁）。

85 マスタープラン検討会には、ユネスコ、国連カンボジア暫定統治機構、国連開発計画、タイ教育省、フランス極東学院、カンボジア、上智大学調査団等が出席した（同上、１２０頁）。

86 アンコール遺跡救済国際会議は日本とフランスが共同議長、ユネスコが事務局を務める国際協力会議で、１９９３年から２００６年まで13年間継続開催されている（同上、１２２頁）。

87 ＺＥＭＰ報告書は、１９９３年12月に作成され、報告書にもとづき、カンボジアは「シェムリアップ・アンコール地域における文化保護管理指針」という法律を制定した（同上、１２３〜１２４頁）。

88 カンボジア政府は、１９９５年2月19日に「アンコール・シェムリアップ地域保護管理機構」（通称「アプサラ機構」）を成立した。アプサラ機構の業務は、遺跡保存のほかに遺跡警備、維持管理、清掃、修復、クメール文化の調査研究、保護地域の樹木・土地管理、文化景観保持、遺跡の美化、シェムリアップ市の開発、発掘調査、保護地域における調査の許認可、遺跡地域への入場管理、道路・上下水道・電気等の整備、不法取引の防止、遺跡観光開発、環境保護等多岐にわたっている（同上、１２５頁）。

89 イオングループは、アンコール・ワット遺跡の保存・継承の理念に共鳴、博物館建設に協力し、２００７年11月2日に、「シハヌーク・イオン博物館」を開館した。敷地は13万１４０㎡（カンボジア王国政府から無償提供）、建物面積１８２０・90㎡、延べ床面積２５３８・80㎡、構造は鉄筋コンクリート2階建てである。

90 カンボジアの国内総所得（ＧＤＩ）は、２００５年現在、４３０ＵＳ$でインドシナ3国の中で最低だが、実質経済成長率が１９９５年の６・５％から２００５年には13・４％にのびており、国内総所得得の大幅増加も期待できる（ＪＩＣＡ、２００７年５月１日現在、「主要指標一覧、カンボジア」）。

91　この法律は、14条からなり、第２条の２（基本理念）で「文化遺産国際協力は、文化の多様性が重要であることに配慮しつつ、文化遺産が存在する外国の政府及び関係機関の自主的な努力を支援することを旨として行わなければならない」としているが、第３条で「国は前条の基本の理念にのっとり、文化遺産国際協力の推進に関する施策を策定し、及び実施する責務を有する」として「文化協力」を国の責務として明記する画期的な法律である。

92　国風文化とは、中国の影響が強かった奈良時代の文化（唐風）に対して、10世紀の初めから11世紀の摂関政治期を中心とする文化を呼んでいる。

国風文化は、宮廷文化から生じたとも考えられるので、清少納言や宰相（藤原重輔女）等が注目されやすいが、宮廷文化はこれらの女房たちの能力だけで生じたものでなく、公卿・殿上人との知的接触や刺激が多く、和歌だけでなく漢詩文の世界もごく身近にあったことが背景にあろう（大津透『道長と宮廷社会』、講談社、２００９年、３２６頁）。

93　渋沢栄一は、１９１７年５月に他の関係者らと発起人となり、中国人留学生を支援する日華学会を設立した（『日華学会20年史』、１９３９（昭和14）年、２～９頁）。

94　１９５６年11月、日本の中日友好協会初代会長松本治一郎が中国侵略を周恩来に謝罪した時に周恩来は、「日本人民には罪がない。中国は日本に賠償を請求する意図はまったくない」と明言した（『中国人心日中的周恩来』、中央党校出版社、１９９１年、44頁）。

95　占領下の日本で、ＧＨＱは、非軍事化・民主化を進める名目で実力者の公職追放（パージ）を行ったが、社会党議員で初代参議院副議長の松本治一郎（１８８７年～１９６６年）も１９４９年に対象者となった（増田弘『政治家追放』、中央公論新社、２００１年、２４０頁）。

96　周恩来は「甲午戦争（日清戦争）以来、日本は中国を侵略してきた。特に東北（満州）事変以来、我が国の奥地深くまで侵略して、人命、財産に多大な損害を与えた。われわれはこれを深い恨みにおもっている。しかしこの恨みの八十年も、日中友好2千年に比ぶればわずかな時間だ、だからわれわれはいまこの恨みを忘れるように努力している」と述べている（伊藤武雄・岡崎嘉平太・松本重治『われわれの中の中国』、みすず書房、1983年、252頁）。

97 中国では、1970年代の経済開放とともに宗教開放が行われ、政府から宗教として認められているのは、仏教、回教、道教、プロテスタント、カトリックである。

因みに、5つの宗教の中で政府が最も寛容なのが仏教である。その理由は、国内経済への資本投下が期待される華人資本家の大半の宗教が仏教だからである。（足羽興志子「中国のダルマパーラ―アジアの近代化と仏教復興」、『アジア遊学』24、勉学出版、2001年、101~103頁）。

98 1978年12月、中国共産党第11期中央委員会第3回全体会議（3中全会）は、1975年1月に全国人民代表大会で周恩来総理が報告した「長期経済発展構想」、農業、工業、国防、科学技術部門の現代化（4つの近代化）を達成目標に決めた。

99 中国は冷戦後、党の指導を堅持する前提で、パブリック・ディプロマシーの目的を4項目に決めた。A 望ましい国家イメージを形成する、B 歪曲化された中国報道に反論する、C 中国を取り巻く国際環境を改善する、D 相手国の政策決定への影響力を及ぼす（張昆「略論対外宣伝的九大関係」、中央対外宣伝弁公室研究会編『対外工作論文集』、五州伝播出版社、1998年、73頁）。

100 堀田善衛（1918年~1998年）、慶応大学文学部（仏文）卒業後、1942年に国際文化振興会に就職し、1945年に上海で敗戦を迎え、国民党宣伝部に徴用された。1947年に帰国、1951年に『広場の孤独』や『漢奸』で芥川賞を受賞、1956年に第1回アジア・アフリカ作家会議に出席し、その後、事務局長、議長を歴任した。1977年には『ゴヤ』で大仏次郎賞、1994年には『ミシェル城館の人』で和辻哲郎文化賞を受賞する等作家として不動の位置を築いた（『堀田善衛全集』、筑摩書房、1994年）。

101　文化大革命後期の１９７５年８月に『光明日報』の文芸欄で『水滸伝』批判が掲載され、毛沢東は「水滸伝の『宗江』を「投降主義」であると批判した」とされたが、宗江が政権内部の誰に該当するのか中国内外で注目された（中嶋嶺雄『北京烈烈』上、筑摩書房、１９８１年、４４７頁）。

102　郭沫若（１８９２年〜１９７８年）、四川省楽山県出身、１９１４年に日本に留学し、岡山の第六高等学校を経て九州大学医学部を卒業。１９２１年に上海で文学団体「創造社」の設立に参加し、国民党に入党するが対立し日本に亡命した。１９３７年に帰国、抗日戦に参加し文学者として活躍する。戦後、政治協商会議の無党派に属していたが、中華人民共和国に参画し、政務院副総理、科学院院長等の要職を務め、文化大革命では自己批判した（郭沫若『日本亡命記』、小峰王親訳、法政大学出版会、１９７４年、３３８〜３４３頁および中嶋嶺雄『北京烈烈』上、筑摩書房、１９８１年、40頁）。

103　郭沫若が日本から容易に中国に帰国できたのは、郭沫若が日本の元老・西園寺公望に評価されていたために国民党が日本とのパイプ役もできると判断したためだといわれている（郭沫若『抗日戦回想録―郭沫若自伝６』、小野忍・丸山昇訳、東洋文庫、１９７３頁、１５２〜１５３頁）。

104　中日友好協会の名誉会長に郭沫若を、会長に廖承志を据えた（孫平化『日本との30年―中日友好随想録』、講談社、１９８７年、１１４頁）。

105　戦前、新聞記者として中国に滞在したことのある松村謙三は、１９５５年２月に中国科学院院長として来日した郭末若の招請で１９５９年に中国を訪問し、その後のＬＴ貿易の当事者になった高崎達之助の訪中を促すことにつながった（劉徳有『郭沫若・日本の旅』、村山孚訳、サイマル出版会、１９９２年）。

106　郭沫若は、日本留学経験者としての立場で日中関係を南原繁に、「明治維新以来、私どもの方もほんとにまじめに日本から学ぼうと努めましたが、あいにく客観的な条件に制限されて、資本主義の段階ではあまり成功できなかった。けれども日本を学ぶことによって、古い時代の暗黒面を突破して、わが国の近代化の基礎を築いたわけです。（中略）私も日本から学んだのですけれども、どうも傑出した方ではない」と述べている（南原繁『南原繁対話　民族と教育』、東京大学出版会、1966年、139頁）。

107　小林英夫は日中戦争について「日本が殲滅戦争を意図したにもかかわらず、国民政府首席・蒋介石の巧みな消耗戦略によってそれが頓挫し、不本意ながら長期の消耗戦略戦争にひきずりこまれていった」と説明している（小林英夫『日中戦争―殲滅戦から消耗戦へ』、講談社、2007年、〈講談社新書〉22頁）。

108　国際交流基金は、交流基金のソフト・パワーとしての役割を明確にするために創立10周年に記念論文集を発行した。一席になった土屋實男は「何のための国際交流か」と問題提起し、国際交流と外交とのリンクを強調し、「わが国には国益論に立つ国際交流論が欠落している」と結論づけている（土屋實男「国際交流―平時の大国日本の生存条件」、国際交流基金『国際交流と日本』、1982年、20頁）。

109　岡部長景（1884年～1970年）、外務省文化事業部長、国際文化振興会常務理事（1934年～1939年）、文部大臣（1943年～1944年）等を歴任した。弟（長章）は昭和天皇の侍従であった（岡部長章『ある侍従の回想記』、朝日ソノラマ、1990年、35～36頁）。

110　戦前の日本で、国際文化振興会は国家の文化交流事業を担っていたが、第二次世界大戦が激しくなるにつれ、中国・満州への関わりが強くなった。『国際文化』を1938年以降発行し、1944年6月号が最終号になったが、その時に「日華文化交流論文集」の発行を計画していた（芝崎厚士『近代日本と文化交流―国際文化振興会の創設と展開』、有信堂、1999年、176頁）。

111　堀田は、日中交流に関し「現代における両国のあり方の基本的な差異は、いろいろあるにはあるが、体制の違いだけではなくて、双方の国民の内心の構造の違いから来るものは、もっとも本質的で直接折衝のはじまったときのことを私たちは今日からすでに予想し、見つめていなければならないだろう」と述べている（「中国を考える」、『堀田善衛全集14』、筑摩書房、1994年、501頁）。

112　中国政府は、１９４９年の中華人民共和国建国以降、毛沢東の神格化を計るために、毛沢東の生誕地の発掘調査に熱心である。その成果として、湖南省常徳市「杉竜遺跡」で９０００年前の炭化したもみ６粒を発見し、稲作の起源を示す有力証拠として発表した（人民日報日本語版２０１１年11月24日）。

113　東京国立博物館では、１９５１年に「清朝特別陳列」、１９５３年、「中国古代土器展」、１９５４年に「中国古玉特別展観」、１９５７年に「中国・朝鮮螺鈿展」、１９６１年に「中国宗元美術展」、１９６３年に「中国明清美術展」、１９７０年に「東洋陶磁展」が行われ、日中国交回復成立の翌年に国交回復を祝い、１９７３年に、本格的に中国の出土品を紹介した過去最大の「中華人民共和国出土文物展」が開催された。

114　日本国際貿易促進協会をつくる契機について岡崎嘉平太は、風見章（近衛内閣ブレーン）と知り合い、風見から「国交のない共産国と、自由主義国との間の貿易を斡旋するために、国際貿易促進委員会というものがソ連のモスコーに作られ、それの斡旋で各国が貿易をやりつつある。日本でも作ったらいいじゃないか」といわれたと述べている（伊藤武雄・岡崎嘉平太・松本重治『われらの生涯の中の中国―60年の回顧』、みすず書房、１９８３年、２１４頁）。

115　日中貿易促進会は、設立当時は、中日貿易促進会と呼ばれ、中日貿易促進懇談会で中心メンバーの平野義太郎、内山完造、野坂参三の呼びかけで１９４９年５月30日に設立され、１９５０年10月に業者組織として改組された（鈴木一雄「貿促運動が歩んだ道３―鈴木一雄氏に聞く」、『アジア経済旬報』６２２号〈１９６５年９月〉、21頁）。

116　１９５２年４月に開催されたモスクワ国際経済会議は、東西間の貿易促進を呼びかけ、これを受けて１９５４年８月、岡崎嘉平太、村田省蔵（大阪商船相談役）、石橋湛山、北村徳太郎ら国際経済懇談会のメンバーが高崎達之助、菅礼之助、山本熊一等と話合いを行い、日本国際貿易促進協会が９月22日に設立され、村田省蔵が初代会長になった（林茂「日中貿易15年史」（上）『アジア経済旬報』５６６号〈１９６４年２月〉、20頁、24頁）。

117　日中輸出入協会は１９５５年に設立し、１９６８年に閉鎖された。その目的は輸出入の調整事業、共同施設事業であった。中小商社が大商社のカルテル化を恐れ、共同施設事業だけになったが、主要物資調整措置を行い、日中貿易の総合バーター方式が導入されるまでの措置として歓迎された（日中輸出入協会『日中貿易読本』、１９５７年、29頁）。

118 日中貿易促進議員連盟は超党派組織で１９４９年５月に設立され、参加人員は２９４名で規約は、①制限緩和、②貿易促進のための必要な法律制度の確立、③啓蒙と宣伝等であった（「日中貿易促進議員連盟創立準備会」、〈議連文書〉）。

119 第１次協定は１９５２年４月モスクワ国際経済会議が契機であり、会議参加者の高良とみが会議終了後に帆足計や宮越喜助と合流し、中国国際貿易促進委員会主席・南漢宸と会談し、その後、北京で協議し、６月に協定を締結した。中国側は日本に重工業建設資材や機械類の輸出を望んだが実現はほぼ不可能であった（石川忠雄、中嶋嶺雄、池井優編『戦後資料―日中関係』、日本評論社、１９７０年、23〜24頁）。

120 第２次協定は、１９５３年９月の日中貿易促進議員連盟の訪中が契機であり、促進議員連盟の池田正之輔と中国国際貿易促進委員会主席の南漢宸の間で10月に調印した。戦略性の高い商品の割合が縮小し、貿易契約交渉を中国で行う取り決めが廃止され、付属文書に日中両国で貿易代表機関を設立することをもりこんだ（池田正之輔『謎の国　中共大陸の実態―民族性と経済基盤の解明』、時事通信社、１９６９年、３３５〜３３６頁）。

121 鳩山一郎内閣誕生を契機に中国側は積極的になり、第３次協定で、相互に見本市を開くことが決まった。日本国際貿易促進協会が日中民間貿易の窓口になり、会長の村田省蔵は「本当の中国を、政府当局の人が見る必要がある。アメリカは香港の領事館に３００人の人を入れている。これは貿易のためでなく、中国の研究のためにおいている。日本は、香港の領事館に中国の関係の人がたった３人しかいない」と述べ、日本の中国情報収集の遅れを指摘している（村田省蔵「日中経済交流の展望」、『世界』１３４号、１９５７年２月、84頁）。

122 長崎国旗事件とは、１９５８年５月に長崎で開催中の中国物産展会場で日本人青年が中国国旗をひきおろした事件で、すべての日中交流が頓挫する契機になった。その結果、日中輸出入組合の役割も低下し、組合企業も３９８から

１９６１年11月には１９６にまで減少した（『日本経済新聞』、１９６１年11月21日）。

123　日本国際貿易促進会（略称：国貿促）は、山本熊一会長（２代）になると、政治色が強くなり、岡崎は国貿促を離れていくが、友好貿易に替わる貿易の方法（岡崎構想—メーカーやメーカー団体の直接参加、延べ払い措置を含む３年ないし５年の長期総合バーター協定、総合調整機関の設置、保証人の指定）をたて、池田首相に提案し、それと同時に独自のルートで中国側に打診した（日中経済協会『日中覚書の11年』、１９７５年、39〜40頁）。

124　ＬＴ貿易とは、岡崎構想がたたき台になっており、松村謙三と高崎達之助の訪中により計画が進展し、第２次高崎訪中で１９６２年10月に成立し、寥承志と高崎達之助の頭文字をとり、ＬＴ貿易とした。協定内容は、①貿易計画の期間は５年以内とする。②延べ払いの保証は中国銀行による。③延べ払い供与の条件は西欧並みとし、かつ同種品目につき我が国が他の第３国に対して認められる条件の範囲とする。④肥料、農業については塩安だけ1年以内の延べ払いを認めるが、硫安、尿素は認めない。鉄鋼、農機具は1年半の延べ払いを認める。⑤プラント輸出については今回の貿易計画から切り離して別扱いにする（石川忠雄・中嶋嶺雄・池井優編『戦後資料　日中関係』、評論社、１９７０年、３５８頁及び朝日新聞、１９６２年10月24日）。

125　対日講和会議の共同招請国のアメリカとイギリスは、参加国の中国代表権問題に関し、相違があった。アメリカは、台湾の中華民国政府を代表と考え、イギリスは大陸の中華人民共和国を代表とみなしていた。

アメリカとイギリスは、１９５１年６月19日に妥協案（ダレス・モリソン了解）として、①中国の共同調印なしに、講和条約についての手続きは進行する。②日本の将来の中国に対する態度は、主権をそなえ、かつ独立した地位の行使として日本自身で当然決める必要がある（細谷千博『サンフランシスコ講和への道』、中央公論社、１９８４年、２８１頁）。

126　吉田書簡とは、池田内閣の対中国プラント輸出輸銀融資決定以来こじれた日台関係を改善すべく、吉田茂が個人資格で１９６４年２月に訪台し、吉田が張群秘書長宛私信として「①中共向けプラント輸出に関する金融を純粋の民間ベースとすることについては、貴意に添うように研究を進める。②本年度中（1964年）は、輸銀を通ずる日紡ビニロンプラントの対中共輸出を認める考えはない」として5月に発したもの（1965年8月5日付、毎日新聞）。

127 徐承元『日本の経済外交と中国』、慶応大学出版会、2004年、22頁。

128 1992年に国連のブトロ・ガリ事務総長は、「平和構築」という概念を打ち出した。平和構築の中身には、予防外交、平和創造、平和維持、平和構築がある。予防外交とは、争議の発生を予防し、既存の争議がエスカレートすることを予防し、紛争が発生した際には、紛争が拡大することを予防するための取り組みである（大門毅『平和構築論　開発援助の新戦略』、勁草書房、2007年、12頁）。

129 平松茂雄『中国の安全保障戦略』、勁草書房、2005年、224〜225頁。

130 平野は「日本は6・7世紀に、多くは朝鮮を経由して中国の文化を大量に取り入れ、文化触変し、その結果、受容した。今度はそれを国風化し、平安時代には新しい日本文化が作られたのである」としている（平野健一郎『国際文化論』、東京大学出版会、2000年、111頁）。

131 平松は「中国は56の民族からなる多民族国家で、56の内の1つが漢民族で、漢民族以外を一般に少数民族とよぶ。（少数民族の中で）、民族意識が高い民族は、チベット民族、モンゴル民族、ウイグル民族である」と述べている（平松茂雄『中国の安全保障戦略』、勁草書房、2005年、79〜81頁）。

132 平松は「中華文明は黄河流域の『中原の地』に生まれ、それより外の地域を野蛮人の住む『化外の地』と考えていた。（中略）それらの地域を軍事力と政治力と文化力で同化吸収することによって、かつての古代中国は現在の中国の国境の範囲まで拡大し、さらにそれを越えて周辺の諸国の・地域まで影響力をおよぼして、『中華世界』といわれる小世界を形成した」と述べている（平松茂雄『中国の安全保障戦略』、勁草書房、2005年、74頁）。

133 図書館には日本を紹介した本を置くことにするが、その中には国際交流基金と文化庁の共同企画で制作した現代の日本を紹介する本を置く必要があると考える。渡邉幸治は、講演で「中国・韓国・東南アジア向けの日本の歴史の本で

1970代以降のことを書いた良書がない」と指摘している（渡邉幸治「東アジアの展望と国際関係」、2006年4月25日、於：慶応大学、渋沢雅英他編『東アジアにおけるシヴィル・ソサエティの役割』、慶応大学出版会、2007年、120頁）。

134　福岡県大牟田市に日本唯一の「三池カルタ記念館」がある。カルタという言葉は戦国時代にポルトガルから渡来したものであるが、かつて、日本にはカルタ遊びの歴史があり、この記念館には徳川将軍家に伝承した小倉百人一首や江戸初期のうんすんカルタを含め1万点ある（桑原茂夫『この博物館がみたい！』、筑摩書房、2005年、〈ちくま新書〉225～227頁）。

135　JICA中国事務所の協力を得て、2008年5月に、中国の中小都市で日本語教育を担当する青年海外協力隊員にアンケート調査を行った。質問項目は、①活動地域、②生徒の男女比、③日本のアニメ番組や漫画が日本語受講の動機になっているか、また好きな作品について、④日本語を使う機会について、⑤日本語教育のカウンターパートナーについて、⑥日本語教育に関する親の関心について、⑦教材に関わる寄付について、⑧教材の常備について、⑨日本語教育と日本語能力試験との関係について中国各地から返答を得た。

受講生の男女比は、必ずしも同率ではなく、吉林省庁では、男対女が2対8であったが、新疆では逆に男対女が8対2であった。日本のアニメ番組や漫画は好きであるが、必ずしも受講動機に結びついていない。受講動機は中等教育では受験のためであり、好きな作品として多くの学生が例として挙げたのが、『犬夜叉』と『火影忍者（ナルト）』であった。予想外であったのは日本語をつかう機会が少なかったことである。

カウンターパートナーは、当該の学校である。日本語教育については親の関心はあまり高くなく、新疆では、親としては就職に有利な英語科やロシア語科を選択してほしかったという。教材に関わる寄付は期待できず、中等教育で図書館が整備されていないことも多く、教材が常備されることは期待できない。中等教育では、受験のために日本語を学んでおり、一部の生徒は将来、日本への留学を考えている。大学生は、日本語能力試験を受験する。大学生の多くは、旅行会社に就職したり、通訳ガイドとして日本語を活用したいと考えている。

136 井上敏は大学の学芸員養成について「『職』としての学芸員・就職先としての博物館を整備・充実させるということも考えないと学芸員制度の前進はなさそうである」と述べている（日本ミュージアム・マネジメント学会会報、No.44、2007年6月30日、26～27頁）。

参考文献

1．著作

朝日新聞「湾岸危機」取材班『湾岸戦争と日本　問われる危機管理』、朝日新聞社、1991年
池田　正之輔『謎の国　中共大陸の実態―民族と経済基盤の解明』、時事通信、1969年
石澤　良昭『アンコール・ワット―大伽藍と文明の謎』、講談社、1996年、〈講談社新書〉
伊藤　武雄・岡崎　嘉平太・松本　重治『われらの生涯の中の中国―60年の回顧』、みすず書房、1983年
伊豫谷　登士翁『グローバリゼーションとは何か』、平凡社、2002年、〈平凡社新書〉
色川　大吉編集『岡倉天心』、中央公論社、1984年
今川　幸雄『カンボジアと日本』、連合出版、2000年
岩渕　功一『文化の対話力―ソフト・パワーとブランド・ナショナリズムを越えて』、日本経済新聞社、2007年
遠藤　宣雄『遺跡エンジニアリングの方法―歴史・文化遺産をどう活かす』、鹿島出版会、2001年
大津　透『道長と宮廷社会』、講談社、2009年
岡倉　古志郎『バンドン会議と50年代のアジア』、大東文化大学研究所、1986年
岡部　長章『ある侍従の回想記』、朝日パノラマ、1990年

緒方　貞子編『転機の海外援助』、ＮＨＫ出版、２００５年
勝俣　誠編『グローバル化と人間の安全保障』、日本経済評論社、２００１年
郭沫若『抗日回想録―郭沫若自伝６』、小野忍・丸山昇訳、東洋文庫、１９７３年
郭沫若『亡命日記』、小峰王親訳、法政大学出版会、１９７４年
北岡　伸一『日米関係のリアリズム』、中央公論社、１９９１年
桑原　茂夫『この博物館がみたい！』、筑摩書房、２００５年、〈ちくま新書〉
高坂　章編『国際公共政策入門』、大阪大学出版会、２００８年
河野　雅治『和平工作』、岩波書店、１９９９年
河野　靖『文化遺産の保存と国際協力』、風響社、１９９５年
小林　英夫『日中戦争―殲滅戦から消耗戦へ』、講談社、２００７年、〈講談社新書〉
芝崎　厚士『近代日本と国際文化交流―国際文化振興会の創設と展開』、有信堂、１９９９年
徐　承元『日本の経済外交と中国』、慶応大学出版会、２００４年
杉山　隆『兵士に聞け』、小学館、２００７年、〈小学館文庫〉
鈴木　良・高木　博史『文化財と近代日本』、山川出版社、２００２年
染谷　芳秀『日本の「ミドルパワー」外交』、筑摩書房、２００５年、〈ちくま新書〉
孫　平化『日本との30年―中日友好随想録』、講談社、１９８７年
高崎　宗司編、浅川巧『朝鮮民藝論集』、岩波書店、２００３年
高崎　宗司『朝鮮の土となった日本人―浅川巧の生涯』、華風館、２００９年
竹内　好『竹内好全集』、第８巻、筑摩書房、１９８０年

譚　留美『「天安門」十年の夢』、文芸春秋、2001年、〈文春新書〉
大門　毅『平和構築論　開発援助の新戦略』、勁草書房、2007年
鶴見　俊輔編『柳宗悦集』〈近代日本思想体系24〉、筑摩書房、1975年
手島　龍一『1991年日本の敗北』、講談社、1993年
中嶋　嶺雄『北京烈烈』上、筑摩書房、1981年
南原　繁『南原繁対話　民族と教育』、東京大学出版会、1966年
平野　健一郎『国際文化論』、東京大学出版会、2000年
平松　茂雄『中国の安全保障戦略』、勁草書房、1999年
深田　祐介『大東亜会議の真実―アジアの解放と独立をめざして』、PHP研究所、2004年
福島　安紀子『人間の安全保障』、千倉書房、2010年
藤原　幸恵『ユニセフ・カンボジア事務所で働く』、明石書店、2006年
細谷　千博『サンフランシスコ講和への道』、中央公論社、1984年
堀田　善衛『堀田善衛全集』、筑摩書房、1994年
増田　弘『政治家追放』、中央公論新社、2001年
宮城　大蔵『バンドン会議と日本のアジア復帰』、草思社、2001年
武者小路　公秀『人間の安全保障序説』、国際書院、2003年
柳　宗悦『蒐集物語』、春秋社、1974年
柳　宗悦『民藝四十年』、岩波書店、1984年、〈岩波文庫〉
山田　満他編『新しい平和構築』、明石書店、2005年

劉　徳有『郭沫若・日本の旅』、サイマル出版会、村山学訳、１９９２年

２．公文書／書簡
外務省外交記録文書、Ｂ．００４９（１９５５年4月19日）

３．紀要／学術論文／報告書／事典
石川　忠雄、中嶋　峯雄、池井　優編『戦後資料―日中関係』、日本評論社、１９７０年
遠藤　宣雄『上智大学アンコール遺跡国際調査団の25年史』
大蔵省財政室編『昭和財政史―終戦から講和まで―』、東洋経済新報社、１９８３年
『岡倉天心全集』月報1、平凡社、１９７９（昭和54）年10月
外務省『外交青書』、１９９１年版
外務省『人間の安全保障基金』、２００７年
香川　眞編『観光学大事典』、木学舎、２００７年
神奈川県立近代美術館『近代日本美術家列伝』、美術出版社、１９９９年
慶応法学編集委員会編『慶応法学』８号、慶応大学出版会、２００７年
国際交流基金『国際交流と日本』、１９８２年
国際交流基金『クロスボーダー宣言』、鹿島出版会、２００５年
上智大学アジア人材養成センター編『カンボジアの文化復興（22）』、上智大学、２００５・２００６年合併号
専修大学社会科学研究所編『グローバリゼーションと日本』、専修大学出版局、２００１年

中央対外宣伝弁公室研究会編『対外工作論文集』、１９９８年
『日華学会20年史』、１９３９（昭和14）年
日中経済協会編『日中貿易の11年』、１９７５年
日中輸出入協会『日中貿易読本』、１９５７年
防衛庁『防衛学研究』18号、防衛庁、１９９７年
UNESCO,"Globalization with a Human Face Benefitting All",2004

4．雑誌／新聞

『アジア経済旬報』５６６号、中国研究所、１９６４年
『アジア経済旬報』６２２号、中国研究所、１９６５年
『アジア遊学』24号、勉学出版、２００１年
『国際交流』１０３号、国際交流基金、２００４年
『世界』１３４号、岩波書店、１９５７年
日本ミュージアム・マネジメント学会会報、No.44、２００７年
朝日新聞、１９５５年4月22日
人民日報（日本語版）２０１１年11月24日
日経新聞、１９６１年11月21日
毎日新聞、１９５５年4月25日、１９６５年8月5日
読売新聞（夕刊）、２００３年5月10日

5．ホームページ

アフリカ開発会議：http://www.ticad.net

外務省（人間の安全保障）：http://www.mofa.go.jp/mofaj/gaiko/hs/lolom.html

第4章　文化外交の現状分析と課題

第4章の目的

ともすれば、日本外交は、アメリカ追従外交と他国から揶揄されることもあったが、しかしユネスコを中心にした文化政策では、東西対立がユネスコに持ち込まれ、アメリカがユネスコを一時的に脱退した時も、日本は脱退せずに文化政策では独自性を保った。

そこで、日本の対外文化政策と、日本と経済規模で相違が小さいドイツ、フランス、イギリス等を例に語学政策を中心に説明し、さらに今後、国際社会の牽引車となり、日本とアジアで競合すると思われる中国も含めた文化政策と比較することで、日本の対外文化政策の特徴を明らかにしたい。

文化政策を強化するには、予算規模の拡大が重要だが、日本の文化関連財源も限られているため、財源の配分を考える必要があり、重点分野として語学政策に焦点を絞り、検討することにした。また、日本のソフト・パワーの典型としてマンガやアニメが紹介されているが、日本語普及の手段としても活用を考えるべきであろう。

第1節　各国の対外文化政策

第1項　先進国の文化政策

日本外交において文化外交を積極的に展開するためには、欧米や中国の対外文化政策を知る必要がある。アメリカは国家規模が巨大であり、国家より、むしろ民間の財団が文化事業を積極的に行っているので比較の対象とせず、日本と比較可能なドイツ、フランス、イギリス及び中国の対外文化政策を検討対象にした。国際交流基金の2003年『主要先進諸国における国際交流機関調査報告書』にもとづき、各国の対外政策の特徴と問題点を述べ、日本と比較してみたい。

ドイツは日本と同様に第二次世界大戦の敗戦国で、これも日本と同様に植民地経営の歴史が短い。これに対しフランスやイギリスは植民地経営の歴史が長く、対外文化政策の経験も豊富である。対外文化政策の中でも特に重要なのが語学政策なので、まず、各国の語学予算の比較をしてみる。

表1によると、フランスの語学予算が他国に比べ、少ないように見えるが、フランスは数多くの文化機関を擁し、その中でフランス語を活用している。

つぎに、各国の文化政策の概要を、語学機関を中心に見てみたい。

表1　1999年度の各国の語学機関予算

	語学機関の予算	政府の補助金	外務省の対外文化政策予算
ゲーテ・インスティトゥート（ドイツ）	約4億8700万マルク（約272億7200万円）	約3億400万マルク（約190億4000万円）	約11億7000万マルク（約655億200万円）
アリアンス・フランセーズ（フランス）	約6300万フラン（約10億円）	約5268000フラン（約8430万円）	約30億2743万9000フラン（約484億円）
ブリティッシュ・カウンシル（イギリス）	約4億2530万ポンド（約766億円）	約1億3000万ポンド（約234億円）	約2億9600万ポンド（約533億円）

出典　国際交流基金『先進国における国際交流調査報告書』2003年にもとづき、筆者が作成

（1）ドイツ

ドイツの連邦予算における対外文化政策の項目は、教育・学術の協力、社会政策的協力と国際的な文化の対話、外国におけるドイツ語の普及、芸術、音楽、文学の交流、青少年・スポーツ交流、外国のドイツ学校（の振興）の6項目である。外国人がドイツ語を習う場所として有名なゲーテ・インスティトゥートやドイツ学術交流会の予算も対外文化政策の予算から拠出されている。

ゲーテ・インスティトゥート

沿革・概要

1932年に設立され、2001年にインター・ナツィオーネスと統合した。設立の趣旨は、外国におけるドイツ語の普及、国際文化協力の振興、ドイツの文化的、社会的及び政治的生活の情報提供を通じた、包括的ドイツ像の伝達である。

事務所は、国内事務所としてミュンヘン本部、ベルリン連絡事務所、15のドイツ語学校を有し、海外事務所として、76カ国に128の文化会館と45の読書室を有している[1]。

近年ドイツは対外文化政策よりもドイツ国内の非ヨーロッパ系マイノリ

ティ住民とドイツ系住民の関係が重要問題になっている[2]。川村陶子は、「国際文化交流」が「文化の対話」を重要課題としていることから、ドイツではまず、国内におけるこれら「外国人」を対象とした対話事業が重要である[3]と結論づけている。

（2）フランス

西野嘉章は、「日本にとってフランスとは[4]」という講演[5]でフランスの文化行政の特徴について取り上げ、フランスについてマルロー以降、30年間の文化行政の継続性を強調している。

フランスは、1998年2月、社会党政権下で国際協力体制の改革に関する閣議決定がなされ、それを受けて国際交流と国際協力に関わる実施体制の見直しが行われた。外務省は、国際開発協力総局を設置し、従来掲げてきた「交流」や「対話」を一歩すすめた「協力」を同局のアイデンティティとした。

岸清香の報告によれば、外務省国際協力開発総局は関係省庁間の協力・分業体制を進めるべく、2000年11月に文化通信省と合意をし、合意書には「国際文化政策の実施のために、外務省と文化通信省間において双方の管轄と権限を尊重し、協力することが必要になっている」としている[6]。

そもそも文化通信省の国際政策は、文化の多様性の推進と国際文化協力の発展の2つを基本目標にしているが、これらフランスの外務省と文化通信省の方向性に齟齬はないであろう。

さらに2002年9月、持続可能な開発に関する世界サミット（国連主催）において、シラク大統領は経済、環境、社会問題と並んで「文化」が持続的開発の4つの柱であると声明で述べている[7]。

フランスの国際交流事業は、政府、政府機関、在外公館文化部、在外文化施設間の調整をとおして実施される。国際交流を専門とする公的機関は、事業分野毎に設立されており、芸術分野を専門としたフランス芸術振興協会、言語教育を専門としたアリアンス・フランセーズや、フランス国内で外国の文化を紹介する世界文化会館等がある。フランス芸術振興協会は1901年法にもとづく民間団体であり、独立採算制をとっているが、実質的には、その主たる助成者である外務省の外郭団体としての位置づけをあたえられてきた。岸は、フランス芸術振興協会が外郭団体として位置づけされていることが重要だと説明している[8]。

フランス政府は、中国の孔子学院が目覚しい国際的普及をしていることに危機感を抱き、フランス外務省管轄の語学・文化の拠点として「フランス学院」を設立することを2010年8月に発表した。フランス学院は、アリアンス・フランセーズと緊密に協力しながら、5年間で1億ユーロ（約110億円）の予算を計上し、94カ国の計143カ所にする見込みである[9]。

アリアンス・フランセーズ

沿革・概要

1883年、外国人に対するフランス語教育を目的として、植民地及び海外におけるフランス語普及国民協会、現在のアリアンス・フランセーズが設立された。

アリアンス・フランセーズの名称を持つ施設は、世界138カ国に1135カ所存在する。このうち785施設が語学教育施設である。また、219のアリアンスとアリアンス・フランセーズ連合は外務省の助成を受けており、外務省直轄の文化施設とともにフランスの在外文化施設として位置づけられている。ただし、組織形態は、受け入れ国の市民社会との協力関係によって成立している。

組織・実施体制

アリアンス・フランセーズは、各国の法律にもとづいて設立され、独自の理事会を擁し独立採算制をとる現地法人である。

アリアンス・フランセーズという名称の所有者であり、定款の管理を行っているのがパリ・アリアンス・

フランセーズである。パリ・アリアンス・フランセーズは、第一義的にはフランス語教育活動を行う「国際フランス語・フランス文明学院」である。と同時に、組織内には世界のアリアンス間の教育、運営の両面における調整を行う教育政策部と国際関係部が置かれており、各国での協会成立・閉鎖及び定款の変更に関する決定権を保持している。そして、この機能は「本部」ではなく、ネットワークの先導者として位置づけられている。

(3) イギリス

英国の国際交流活動は、政府部門が専門機関を設立しており、ブリティッシュ・カウンシルが外務省を監督官庁として活動をしている。文化省は国内の芸術振興を目的としたイングランド・アーツ・カウンシルを所管している。この他に海外の芸術・文化を紹介するヴィジティング・アーツがある。

ブリティッシュ・カウンシル

沿革・概要

1934年に成立し、イギリス国内に9カ所、海外の110カ国に243カ所ある。主要事業は、①英語教授、②教育・訓練、③芸術・文学・デザイン、④科学と保健衛生、⑤ガバナンスと社会、⑥情報提供である。

英語教授については、英語教授教材を開発し、英語の需要に応じるべく、60カ国において、財政的に独立した138の教育・訓練センターを保持していて、2000〜01年度の実績では、1900名以上の有資格教師が世界各地で約120万時間教授している[10]。

ドイツ、フランス、イギリスの文化事業を見てきたが、ＥＵＲＯができ、文化政策でも加盟各国の共同事業が行われるようになった。ドイツとフランスはパレルモ（イタリア）とサンタクルス（ボリビア）、ドイツとイギリスはリュブリャナ（スロベニア）等で、文化会館施設を共同で運用・使用している他、各国運営の在外学校を１つの敷地に集める「ユーロキャンパス」の試みも始まっている[11]。すなわち、ドイツ、フランス、イギリスは、各自のアイデンティティを持つことで、アメリカや他の地域との文化の違いを示している。また、ヨーロッパ・アイデンティティとして地域としてまとまり、グローバリズムの渦に巻き込まれない工夫をしていると考えられる。

（4）中国

中国は高い経済成長と大きな市場を有するため、国際社会から注目され、中国に関心を持つ人が増えた結果、中国語学習者が世界中に増えつつある。中国政府は国際社会の動静に敏感に反応して中国語を英語と並ぶ国際共通言語にすることを考え始め、中国語教育の振興策として孔子学院の設立を認めた。孔子学院の活動は以下の通りである。

孔子学院

世界の１２３カ国に４６５の事務所（２０１４年現在）を設置し、日本でも活動を開始している。

孔子学院は、非政府組織の運営形態をとるが、実際には、中国教育部の傘下にある国家対外漢語教学領導小組弁公室（略称、漢弁）が運営する。漢弁は２００４年に設立された。孔子学院の背後には、国務院、教育部、外交部、文化部を含めた12に及ぶ政府部局が存在する。

孔子学院は一定水準に達した受講生に、履修修了証を交付するが、この履修証は、漢弁の上部組織である教育部が発行する公認ライセンスである。

漢弁が推薦する書籍はあるものの、孔子学院は統一した教材を提供していない。中国政府は中国語と中国文化を正しく理解させることが必要だと考え、インターネットの活用を行っている。この中国語学習サイトは、漢弁の指導によって北京師範大学が設立し運営にあたっている[14]。

しかし、文化交流組織は、政府のプロパガンダ機関と相手国からみなされたら失敗である。日本では、2006年11月から、日本の孔子学院の関係者を集め、日本国内孔子学院会議を開催しているが、アメリカでは、2014年12月に、下院外交委員会の小委員会で「米大学の『学問の自由』は中国に脅かされていないか」と題する公聴会が開かれ、各大学で契約の見直しが行われ、すでに、シカゴ大学は、2014年9月に契約を打ち切り、ペンシルベニア州立大学も同年10月に契約を打ち切った。日本の各大学も、このまま契約を継続するか否か、検討する時期に来ていると思われる[15]。

第2項　日本の対外文化政策

文化交流・協力は、官（国、自治体）と民（財団、NPO）の相互補完で進んでいく。ここでは国の文化政策の方針を明らかにするために、国際交流基金と文化庁、自治体及び日本とユネスコを結ぶユネスコ国内委員会（文部科学省内）について見てみることとする。

（1）国際交流基金

国際交流基金については年報（2006年度）にもとづき説明する。

国際交流基金は、国際交流基金法にもとづき、１９７２年に設立された。前身は、国際文化振興会（第1章参照）と国際学友会[16]である。国際基金法の第1条に、設立目的として「国際交流基金は、わが国に対する諸外国の理解を深め、国際相互理解を増進するとともに国際友好親善を促進するため、国際文化交流事業を効率的に行い、もって世界の文化の向上及び人類の福祉に貢献する[17]」と謳っている。国際交流基金は、２００3年に独立行政法人となり、機構も改組した。

国際交流基金の事務所は、国内は、本部、日本語国際センター[18]、関西国際センター、京都支部からなる。海外事務所は、18カ国、20カ所である。事業は、文化芸術交流、海外における日本語教育、日本研究・知的交流の3本柱である。また、国際交流に貢献した個人や団体を顕彰する国際基金賞、国際交流奨励賞や地域の変革や活性化につながる地域間交流や文化交流に、相互理解の促進に貢献した団体、個人を顕彰する地球市民賞をもうけている。

予算は、国からの運営交付金と寄付でまかなっており、２００6年度は１３８億８８００万円を計上した。この予算につき事業分野別に説明すると下記のようになる。

文化芸術交流

日本紹介の派遣事業、文化人短期招聘事業、文化芸術分野における国際協力、市民青少年交流、中学高校教員交流、国際交流基金ボランティア派遣等の人物交流がある。日本紹介の派遣事業では、柔道、アニメ、日本食、和凧等の専門家を派遣している。中学高校教員交流では、２００6年度は、55カ国から２０５名の中学・高校教員を招聘している。文化人短期招聘事業では、ミュージアムの関係者、画家、舞台芸術家、映画監督、振り付け家、デザイナー等多岐にわたっている。

国際交流基金ボランティアは、文化交流企画補助業務を行うが、ベルリン日独センターに派遣された例を見ると、青少年交流に関わるデスクワークや通訳引率から国際会議の企画運営、2005年から2006年の「日本におけるドイツ年」に対する日本側交渉等、多岐にわたる業務にたずさわっている[19]。催事については、国際美術展、海外展、海外公演、海外日本映画際、国内映画祭等を行っている。

日本研究・知的交流事業

日本研究では、各国における日本研究機関の支援、東南アジア元日本留学生の活動支援、日本研究基本書目の刊行や図書寄贈等がある。日本研究機関支援では、①拠点機関に対する重点的支援、②客員教授派遣、③教員スタッフ拡張助成、④研究・会議助成、⑤北京日本学研究センター事業がある。なかでも、5番目の事業に力を入れており、北京外国語大学に対して、日本人教授をのべ17名派遣し講座の運営をするだけでなく、大学院生やスタッフを日本へ招聘している。また、北京大学の現代日本研究講座に日本人教授をのべ10名派遣している。

知的交流では、知的交流会議等の開催、支援、各種のフェローシップ、アジア地域研究センター支援、日米センター、日中交流センターの活動がある。

日本研究フェローシップでは、設立当時から学者、研究者を招聘し、すでに6000名近い海外の専門家が日本を訪れている。知的交流フェローシップの中には、招聘、派遣の双方がある。

アジア地域研究センター支援

学術ネットワーク構築を目的に東南アジア4カ国の8大学のプロジェクトを支援している。

日米センター

知的交流プログラム、市民交流プログラム、教育をつうじた相手国理解促進プログラムの3つのプログラムがある。知的交流プログラムには、世界の知的交流の人材育成をめざし、社会科学や人文科学研究者の国際ネットワークづくりを目的とした研究奨学金プログラムの安倍フェローシップや、日本のNPOセクターで活躍する実務家を対象にしたアメリカNPOで研修機会を提供するNPOフェローシップがある。市民交流プログラムは、日米草の根交流コーディネーター派遣制度があり、コーディネーターは、2年にわたり、ボランティアとして地域交流活動の拠点となるコミュニティに派遣され、日本の文化や社会に対するプレゼンテーションの企画、実施に関わり、日米交流を深める活動をしている。

日中交流センター
２００６年４月に設立され、日中関係の信頼醸成を目的に中学高校生の招聘事業、日中市民交流ネットワーク整備事業、ウェブサイト「心連心」を設置している。

日本語教育
どこの国においても文化政策において重要な位置をしめているのが言語であり、自国語が国際社会で活用されることが、国益の増大につながると同時に、自国民が国際社会で生存しやすい環境を確保することになる。国際交流基金は、日本語教育事業として、日本語教育情報交流、海外日本語教育機関調査、弁論大会・シンポジウム開催、日本語教育専門家派遣、日本語教育プロジェクト支援、日本語能力試験[20]、日本語教材制作等にたずさわっている。

国際交流基金は、佐藤内閣時代の福田外務大臣の時に設立され、当時の総理大臣首席秘書官・楠田實[21]の尽力が設立に大きな力となった。楠田はその後、国際交流基金の理事として活躍し、1991年の日米センター設立にも力を尽くしている。

国際交流基金が2006年度に実施した「海外日本語教育調査[22]」をもとに日本語教育の現状と問題点を見てみたい。

2006年度の調査で、海外の133カ国（厳密には126カ国と7地域）で日本語教育が行われており、およそ298万人が日本語を学習している。地域別にはアジアと大洋州で全学習者の約9割を占めている。日本語学習者の上位5カ国は、韓国（約91万人）、中国（約68万人）、オーストラリア（約37万人）、インドネシア（約27万人）、台湾（約19万人）の順番であり、上位3カ国の順位は、2003年度と同様である。学習者の増加率が最も高かったのが、インドネシアで、3年間で3・2倍になった。理由は中等教育カリキュラム改定で、高校1年生から3年間、選択必修科目として日本語等の外国語を学ぶことになったからである。中国は、1・8倍になったが、理由は、日系企業が増え、日本語学習が就職に役立つことと、日本のポップカルチャーの人気等の背景もある。

日本語学習の主要目的は、日本文化に関する知識を得ること、日本語でコミュニケーションができるようになること、日本語という言語そのものに興味があることの3つである。国別では学習目的の傾向が違い、中国では大学や資格試験の受験準備、将来の就職のため、日本に留学するため等、実利思考が強い。このことは、第3章第3節第3項において、中国の青年海外協力隊（日本語教育）のアンケート調査においても同様の結果を得ている。インドネシアでは、就職、今の仕事、日本の科学技術知識を得るためとした回答が多い。これに対し、オーストラリアは国際理解や異文化理解の一環とした回答が多い。

海外の日本語教師のうち、日本語を母語とする教師は3割弱（1万2676人）で約7割が日本語を母語としない現地の教師である。初等・中等教育段階で日本語学習者が増加傾向にあるため、自国で日本語教師を養成することが課題になっている。また、海外にいる日本語教師に対する調査の結果、日本語を教育する上で必要な適切な教材が不足しているという報告が約４割で、２番目が施設・設備が不十分と答え、３番目が教材や教授法に関する情報の不足で、４番目が日本文化情報の不足と答えている。

２００６年度に実施された海外日本語教育調査の結果をふまえて、初級日本語映像教材の説明や国際交流基金による国際標準としての「ＪＦ日本語教育スタンダード」が、２０１０年５月に第１版が公開された[23]。

２００６年10月にはシンポジウム[24]が開かれ、討論の中で西原鈴子は、日本語を学ぶ動機について注目するように指摘しているが、国によって、あるいは受講する年代によって、日本語を学ぶ動機が異なるであろうが、内発的動機に配慮した日本語教育を行うことができれば、学習者の習得意欲が強まると思う。

（２）文化庁

日本語教育は、文化庁でも行われているので、文化庁の事業も見てみたい。

２００１年、議員立法による「文化芸術振興基本法」が成立し、２００２年12月に第一次基本方針が閣議決定された。第一次基本方針では、文化芸術を振興する意義や国の果たすべき役割、将来の我が国の顔となる文化芸術を創造していくために重視すべき方向が定められた。２００６年２月から、文化審議会において見直しが行われ、２００７年２月２日に答申が取りまとめられ、同月９日に第二次基本方針の閣議決定を見た[25]。

特に文化協力と関係の深い、日本語教育、国際交流、文化財保存について、文化庁の事業内容を見てみることにする。

文化庁国語課

文化庁国語課は、日本語教育の充実に力を入れている。「外国人等に対する日本語教育の推進」や「今後の日本語教育の推進に関する調査研究」は、国際交流基金の日本語教育事業との重複や類似した分野であるが、大きな違いは、「難民に対する日本語教育」や「中国帰国者に対する日本語教育」等の日本の「国際化」への対応を行っていることである。

文化交流使

国際交流では、文化庁は芸術家、文化人等、文化にたずさわる人たちを「文化交流使[26]」に指名し、海外に派遣する等して、日本の文化人と外国の文化人とのネットワーク形成・強化を支援している。文化交流使には、海外派遣型、現地滞在型、短期指名型の3種類ある。

文化財

文化財の事業では、文化財の国際協力の推進について明確な方針を2004年に打ち出している[27]。文化財の国際協力に当たっては、調査研究や保存修復を実施するさまざまな研究機関の間の連携強化が必要である。具体的には、「文化財国際協力コンソーシアム（推進協議会）」を構築し、各研究機関の保有する情報の交換、研究者等の人的交流を進めるための体制を整備している。さらに、研究機関に加えて民間援助団体・企業との連携協力も重要であるとしている。また、文化財の国際協力には中長期的な視点が必要であり、後世に文化財を確実に継承していくためには、研修制度の充実や各国の専門家の養成や能力開発を推進する必要があるとしている。

（3）自治体や日本ユネスコ国内委員会ほか

自治体は、１９５８年に国際親善都市を結成したが、１９８８年に地域戦略、地域活性化をめざして、国際交流を検討するようになった。

名称を（財）自治体国際化協会（Council of Local Authorities for International Relations：略称ＣＬＡＩＲ）として、東京に本部を置き、７つの海外事務所（ニューヨーク、ロンドン、パリ、シンガポール、ソウル、シドニー、北京）と47都道府県と17政令指定都市に支部を置いている。

ＣＬＡＩＲ

ＣＬＡＩＲの活動は、多文化共生の観点にたった地域の国際化の支援及び国際協力の推進、人的交流及び情報交換の促進、地域国際化に対応できる人材の育成とＪＥＴプログラム（The Japan Exchange and Teaching Programme）の推進である。

地域国際化事業[28]とＪＥＴプログラム

地域国際化事業では、２００６年度は、「在住外国人との共生」「ＮＧＯとの連携」「国際理解教育」「姉妹自治体などを活かした国際交流の促進」を優先テーマとし、合計75団体に助成した[29]。

ＪＥＴプログラムとは、地方公共団体が総務省、外務省、文部科学省及び自治体国際化協会の協力のもとに地域レベルの国際交流をはかるものである。職種は、小中学校や高等学校の日本人教師の外国語授業の補助、外国語指導助手、地方公共団体の国際交流部局の国際交流員、スポーツをつうじ国際交流をするスポーツ交流員がある。年限は、2年から5年である[30]。

日本がユネスコに１９５１年に加盟したことを受け、１９５１年12月に日本ユネスコ国内委員会設立準備委員会が設立された。野口昇[31]の解説にもとづき、ユネスコ国内委員会について説明する。

文部省は外務省等と協議し、「ユネスコ活動に関する法律」の成文化を進め、法案を国会に提出、1952年5月23日に成立して、6月21日に交付された。

同法は、第2章で日本ユネスコ国内委員会について規定し、その設置に関し、「ユネスコ憲章第7条の規定の趣旨に従い、わが国におけるユネスコ活動に関する助言、企画、連絡及び調査のための機関として、日本ユネスコ国内委員会を設置する」と定め、また、「国内委員会は、文部省の機関とする」と定めた。同委員会は、教育に関わる提言を行ってきた[32]。

また、ユネスコは、世界教育フォーラム（2000年4月、ダカール）で掲げられた「万人のための教育（EFA）ダカール行動の枠組み」の実現を主導的に推進しているが、日本は、2000年より設置した「人的資源開発信託基金」をつうじて協力している[33]。

第2節　日本の文化交流・文化協力の問題点

国際交流基金や文化庁によって海外に派遣された方々の人数から判断すると、文化交流についての認識が、研究者、芸術家、NPOの関係者、学校の教師等、各界、各層に拡がっていることが明らかであり、日本の将来に対する先行投資になっていると思われる。しかし、国際交流基金と文化庁が類似した分野に芸術家・文化人を派遣していることに私は危惧を感じている。できることなら、双方の機関で話し合いをして一本化することも必要なのではないか。また、国際交流基金の派遣・招請は短期が多いが、資金面の問題もあろうが、交流する人間が日常生活になれる時間を勘案して、最低でも6カ月は必要と考える。資金については、国際交流基金が積極的に広報して、個人からの寄付を獲得する方法を採ることも一考を要する。

日本研究については、将来の知日派を獲得するための手段であり、1人でも多くの研究者を増やす必要がある。このためには、国際交流基金の海外事務所で働くスタッフは、定期的に当該地域の主要な大学、研究者を訪問し、「留学」支援について説明することが肝要と考える。

従来、日本文化は、言葉だけで説明するのは難しいと一般的に考えられ、言葉ではなく、「しぐさ」で説明しようとしてきた。しぐさを示す茶道や花道を日本政府は文化交流に活用してきた[34]。しかし、イギリス、フランス、ドイツ、中国等の国際社会で主要な地位を占める国家が語学政策を積極的に進めているので、日本が文化外交を積極的に展開するためには、日本も語学政策、語学教育に注力することが重要だと思われる。

日本語教育に関して言えば、２０１０年に国際交流基金の「日本語教育スタンダード」が完成し日本語能力試験が改定されたので、正式に日本の語学政策として推進し、その秀逸性を周知徹底すべきであろう[35]。またこれまで以上に、国際交流基金は、海外で日本語教育普及に注力し、将来的には、海外でブリティッシュ・カウンシルやゲーテ・インスティトゥートのような日本語学校を開設するのが良策ではなかろうか。

一方、日本国内の日本語教育は、現状では、海外在住経験者や海外旅行経験を持つ中高年の日本女性が中心になっており、ボランティアの総数は2万人、日本語教室は１５００カ所前後、ネットワーク数は30前後に達するという[36]。

このような私的な教育方法を公的な教育に近づけるためには、交流基金の日本語事業グループとの連携が重要になろう。

因みに、海外からの看護士や介護士が資格試験で日本語の理解が必須条件なので、交流基金は２０１１年度から日本語事業グループの日本語事業運営部内に、ＥＰＡ研修チーム（海外の看護士・介護福祉士候補対象の日本語研修）を設けている。

ここで、日本の言語政策と他国の言語政策を比較してみると、アリアンス・フランセーズは第一義としてフランス語の普及を挙げており、ドイツのゲーテ・インスティトゥートの業務はドイツ語教育から始まったので、当然のことながらドイツ語の普及に力を入れている。両方の組織とも自国語の普及という目的を果たすだけでなく、相手国の政府のみならず相手国の国民にフランスやドイツへの理解を深めさせることに成功している。

ドイツは、通常の外交及び対外経済政策と並んで対外文化政策を第3の柱としているが、2000年にフィッシャー外務大臣（シュレーダー内閣）が、「対外文化政策の主要目的を紛争予防と平和構築にする」と明言した。この政策転換をP・J・カッツェンシュタイン（アメリカの政治学者）は高く評価しているが筆者も同意見である[37]。

日本語の国際社会への普及は、フランスやドイツに比較すれば不十分である。ドイツが、日本と同様に第二次世界大戦の敗戦国として戦後復興した経緯を考えれば、日本の対外文化政策の位置づけを明確にすれば語学政策は順調に推移すると考えられる。

すなわち、中国のように語学政策を公が主導しなくとも、公の日本語教育が民間の日本語教育と相互補完していくことで、日本語の国際的普及は促進されるに違いない。

日本語は表意語の漢字と表音語のかなで構成されている言語で、英語やフランス語に比較して習得に時間がかかるかもしれない。だが、日本語が国際社会で普及することで、過度な英語至上主義に歯止めをかけることにもつながるであろう。

第3節　方法論としてのソフトパワー・コミュニケーション

第4章の第1節と第2節で、日本とドイツ、フランス、イギリス、中国の対外文化政策を言語政策を中心に比較検討したが、日本が対外文化政策を積極的に展開し相手国や相手国民から理解を得るためには、日本は他国と違う特徴を十分に生かすことである。日本のソフト・パワーに着目し、これをコミュニケーションの手段として活用することが重要である。

綿貫健司は、フランスは日本と同様の国家規模でありながら、国際社会で発言力を有し、文化外交を強力に進められるのは、ソフトパワー・コミュニケーションを十分に活用しているからだと主張している[38]。すなわち、フランスは自国の歴史・文化を内外に示すハイ・アートを前面に打ち出すことで、ソフトパワー・コミュニケーションを活用している。

日本は、第二次世界大戦後、アメリカの影響を多く受けた。アメリカは、冷戦終了後、唯一のスーパーパワーとなり、ハード・パワーを補強するために、ソフト・パワーを活用した。第二次世界大戦以前は、近代絵画の隆盛はハイ・アートを重視するフランスが中心であったが、アメリカではポップ・アート[39]を官民こぞって支援し、近代絵画の潮流に一石を投じた。すでに小泉内閣の諮問会議である文化外交の推進に関する懇談会の方針の中で、「日本に対する高まる関心に応え、世界に将来のよき日本の理解者足るべく『日本のアニメ世代』を育成すること」と述べている[40]。アメリカやフランスとも違う日本のアニメ世代が主張するクール・ジャパン[41]の実態と日本の大衆文化をつうじた日本のソフト・パワーのコミュニケーションについて明らかにするために、明治維新以降の文化に関わる情報発信からアニメ文化への変遷について考えてみたい。

第1項　日本が発信するソフト・パワー――クール・ジャパンの成立

(1)　明治維新以降の文化に関わる情報発信について

第二次世界大戦後、日本ではさまざまな日本文化論に関する本が出版され、それらの本にもとづき論議がかわされ、日本人としてのアイデンティティを確認することができた。また、日本文化論を論議することで、海外に日本文化を紹介し、発信することによって、敗戦で自信を失った国民に勇気を与え、国民が国家復興に邁進することに役立った。

明治維新以降、日本文化の理解に大いに役立ったのは、欧米からの知識を日本に伝達するだけでなく、日本及び日本を海外に紹介する努力を払ったお雇い外国人や上級学校の外国人教師の存在がある。外国人の眼をとおして日本を紹介した人の中の1人で、日本に帰化した小泉八雲について考えてみたい。

小泉八雲は日本人の日常生活の描写をとおして、日本文化の素晴らしさを語りかけており、下記の「京都旅行記」から小泉の日本文化の捉え方について見てみよう[42]。

日本での娯楽のはかない魅力について考えるうちに、一つの疑問が沸いてきた――すべて喜びの深さは、そのはかなさに比例するのではないであろうか。比例することを示す事実があれば、喜びというものの性質に関する仏教の教えを強力に支持することになるだろう。知的な楽しみが、それを構成する感情と思想の複雑さに比例して大きくなるのを、我々は知っている。

小泉の日本文化に対する見方は、このように大変細やかで、日本人の感性にあっている。これは、小泉の感性が鋭いだけではなく、小泉の来日した時期に関係が深いと考えられる。

太田雄三は「ハーンの見た日本は、西洋文明摂取において一通りの成果を挙げ終わったこともあって、以前ほど西洋に対して開かれていない日本、むしろ、その結果、ゆらいできた文化的アイデンティティの再確立の道を模索しているような日本であった」と見解を示しているが、この見解に同意できる[43]。

しかし、書物による日本文化の紹介、日本文化の発信には限界があり、日本は書物だけではなく、万国博覧会をつうじて日本の紹介に努めた。特にウィーン万国博覧会（１８７３年）からパリ万国博覧会（１９００年）にかけて日本は多くの美術品を展示した。ウィーン万国博覧会では、名古屋城天守閣の金の鯱から鎌倉大仏の張り子、漆器、織物、陶磁器等工芸品を中心として出品された。出品作品の選定にあたって、お雇い外国人のゴットフリート・ワグネルの意見が重視された[44]。

パリでは何度も万国博覧会が開催されているが、１８７８年のパリ万国博覧会では、東洋美術展示翼に３つの部屋がさかれ、第一室は主として中国の展示品、第二室はギメ・コレクションから特別展示された日本美術品、第三室は日本の古美術品が展示された。万博をつうじ、パリの大衆的ジャポニズムの輪が広がった。日本展示委員会の構成メンバーの若井兼三郎につきそったのが林忠正であった[45]。

林は万国博覧会終了後、パリに残り、浮世絵商として活躍し、１９００年のパリ万国博覧会では万博の事務館長となり、フランスにおけるジャポニズムはより大きな流れとなった。

林は、万博の事務館長になったことをきっかけにパリの店を閉店し、写楽等を売却した。林の東京における仕入れ担当者の１人に小林文七がおり、独立後、フェノロサの協力者として知られている[46]。

（2）　日本の漫画・アニメ文化について

前節で説明したように、すでに１９００年にはフランスではジャポニズムに象徴されるように浮世絵に関心が深まった。

クール・ジャパンについて考えるためには、浮世絵とも関連の深い漫画文化について述べることから始めなければならない。日本は12世紀の絵巻物に始まり、江戸時代の浮世絵で絵画技術が蓄積された。浮世絵の中でも注目されるのが北斎による「北斎漫画[47]」である。浮世絵を購入したのは庶民であり、漫画文化は、大衆文化として出発した。

現在のマンガ・アニメ・ゲームの隆盛は、近代以降に、欧米から技術が導入され、日本の近代化の中で漫画文化が成熟した結果である。昭和初期にはアメリカのコミックの影響でキャラクターが重要視されるようになり、すでに『のらくろ』のような日本独自のキャラクターも人気があった。

第二次大戦後、ＧＨＱの指令で、戦争協力者の公職追放が行われた。公職追放は、出版界でも行われ、漫画『のらくろ』が掲載された少年雑誌として有名な『少年倶楽部』の編集長であった加藤謙一も講談社を退職し、自力で学童社（１９４８年～１９５５年）を設立させた。ここで、『漫画少年』が発行され、後に漫画界の大御所となる手塚治虫も執筆していた[48]。また、手塚の周辺の新進漫画家でトキワ荘に住む新漫画党のメンバーも含まれていた[49]。

このように良い漫画家が育つ背景には、出版社と漫画家が二人三脚で雑誌の連載漫画をつくり、漫画家を育てる編集制度があったからだと言われている[50]。そして、漫画が成熟していくのは、小説ほどではないにせよ、漫画批評の分野が存在し、漫画家たちに良い緊張感を与えているからだと考えられる[51]。

第二次世界大戦後に、漫画人口は拡大していき、当初は少年誌の読者層であったものが、次第に青年誌の読者層が加わり、読者層は拡大していった。1970年代以前は、国内市場が中心であったが、次第に海外に市場が拡がり、東南アジアで日本漫画の海賊版がでまわり、ヨーロッパで日本のアニメに人気がでてきて、1990年代にクール・ジャパンともいうべき現象が起こった。

現在のアニメ界をリードする宮崎駿の活動について見てみたい。宮崎駿は、東映動画という映画の世界からスタートして、その後、テレコム・アニメーションフィルムに移籍し、映画監督として仕事を開始した。この時に宮崎の仕事に注目していた徳間書店の『アニメージュ』誌編集長・尾形英夫の誘いを受けて、本格的にアニメに取り組んだ。『アニメージュ』で、『風の谷のナウシカ』の連載が始まった[52]（1982年2月号連載開始）。

1984年に『風の谷のナウシカ』は映画化され、大反響を呼び、1985年にスタジオ・ジブリが設立され、ここを拠点に宮崎アニメの作品が次々とつくられるようになった[53]。

(3)　日本の現代絵画について

日本の現代絵画は、クール・ジャパンの一翼を担っており、アニメ文化と連動して活躍をしているが、いままで、一部のコレクターを除き、あまり注目されず、現代絵画というと、アンディ・ウォーホルに象徴されるアメリカのポップ・アートが中心であった。最近、事情が変わり、海外のみならず、国内のオークションでも日本画家の人気が高まっている[54]。

これまで、日本の現代画家は、国際交流基金や文化庁の支援をあまり期待せず、独自に自分で作品を発表することに専念してきた。また、日本の美術館も日本の現代美術の作品収集には積極的でなかった。その理由の1つとして、美術館の収支を支えるのが入館料であり、入館者が多く期待される展覧会を企画することに傾きがちであった。つまり、潜在需要がある現代美術に関心のある人たちの掘り起こしをおこたってきたのである。しかし、日本でも現代美術の国際展覧会である横浜トリエンナーレ（2001年～）や大地の芸術祭越後有妻トリエンナーレ（新潟、2000年〜）、福岡アジア美術トリエンナーレ（福岡、1999年〜）等、最近では瀬戸内国際芸術祭（瀬戸内海沿岸、2010年〜）も有名になっている。国際交流基金も主催者として積極的に関与している[55]。このように国際的な現代美術展に対する認知度が高まり、現代美術の観客動員力も大きくなってきたのだ。

今後は、金沢21世紀美術館や東京都現代美術館のような現代美術専門館だけでなく、近代絵画を常設展示するできるだけ多くの美術館で、定期的に日本の現代美術の展覧会を開催する必要がある。そのためには、日本現代画家の作品の多くを所有しているコレクターから積極的に寄託あるいは寄贈を検討すべき時期に来ていると考える[56]。コレクターと美術館が意思の疎通をはかり、美術館の一角に寄贈者の名前を冠した現代美術のコーナーをつくる工夫をしたり、また入館者にもコレクターの先見性に敬意をはらってもらうことも重要であろう。

第2項　クール・ジャパンとソフトパワー・コミュニケーション

日本が文化外交を行うということは、すなわち、ソフトパワー・コミュニケーションを活発化させることであり、ソフト・パワーの源泉である日本の大衆文化を効果的に発信することだと思う。

日本人は、第二次世界大戦後、さまざまな日本文化論を発表してきた。国民は、日本文化論の議論をつうじて自国文化、自国の国民性を理解することに時間をかけ、また、日本文化論を展開することで異文化理解の促進に役立てた。しかし、日本文化論で取り上げられたのは、おおむね日本の伝統文化であった。現在、世界で流通するのは、多くは、日本の生活文化であり、大衆文化の広がりが大きな力になってきた。

２００４年のマンガ雑誌は部数ベースで雑誌全体の37％、マンガ単行本は書籍全体の70％に上る。日本のアニメ映像ソフトとアニメ映画を合わせたアニメ市場は日本映画の市場を大きく上回り、テレビ放映されるアニメ作品は週あたり79本（２００６年２月時点で地上波71本、ＣＳ５本、ＢＳ３本）に上る[57]。

娯楽の対象であるアニメのコンテンツは、市場が拡大し、視聴者が増えることで、単なる娯楽で終わらず、文化を伝える手段や教材として利用されるようになった。フランス人漫画家９人と日本人漫画家７人が共同で、短編漫画で日本を描いた漫画『ＪＡＰＯＮ』は、日仏学院、アリアンス・フランセーズの協力で制作され、６カ国で同時発売され、大きな反響を得た[58]。

世界では、漫画やアニメの効用が次第に明確になり、教育に活用する動きもでてきている。スペインでは、漫画やアニメを日本語学習のツールとして活用することが考えられ、マルク・ベルナベが、２００１年に『マンガで日本語』という教科書と練習帳の２冊で構成する学習メソッドを開発し、日本語学習に寄与している[59]。

上記のように、漫画やアニメは、日本語学習だけでなく、さらに国際社会で識字教育に役立っている。そこで、国際交流基金の関西国際センターでは、海外で人気のあるアニメ・漫画に現れるキャラクターやジャンルの日本語を楽しく学べるＥラーニングの「アニメ・マンガの日本語」ウェブサイトを立ち上げた[60]。また、日本政府が活動を支援しているユネスコ・アジア文化センターの37言語の識字教育アニメ「ミナ」のシリーズの原画作成には、宮崎と並ぶアニメ界の大御所の鈴木伸一が関わっている[61]。

中国では、中国政府がアニメを含めアメリカの映像産業に対しては戦略性があると警戒していたが、政治思想や民主化運動と無関係な日本アニメの中国流入に関しては無関心であった。このため、海賊版の日本アニメが中国に多く出回り、日本のアニメ製作者側がアニメ放映権を非常に安価で中国側に渡したために、日本アニメは中国に急速に浸透した[62]。

遂に、中国政府の最高機関である国家広播電子総局（広電総局）は、2006年9月1日から中国全土の全てのテレビ局において、夕方の5時から8時までのゴールデンタイムに外国アニメの放映を禁じる措置を行った[63]。

この措置に対し、中国の多くの青少年が不満を持っているといわれている。中国政府は、現在、自国の漫画家やアニメ作家の育成を考えているが、中国政府は、『JAPON』の成功を見習って、中国のイメージアップのために、『CHINA』の題材で、日中共同で漫画制作をすれば、日中双方の青少年の多くが読者となり、反響を呼ぶことは間違いないと思われるので、中国政府は、外国アニメに対し拒否反応をするのではなく、積極的な解決策を提示することを薦めたい。

中国の若者たちは、日本のアニメ（日本動漫）に熱中し、映像の中のキャラクターになりきり、コスプレをする若者が急増、コスプレ大会を中国政府が支援したり、開催するようになった。2003年秋より毎年、名古屋で開かれている「世界コスプレサミット」の主催はテレビ愛知だが、海外からの観光動員をもくろむ外務省・国土交通省が2006年から後援している[64]。

岩渕功一は、日本の文化外交への新たな取り組みをブランド・ナショナリズムと批評しているが、日本政府が仮にブランド・ナショナリズムを意識していたとしても、すでにその範疇にとどまっていないことは上記のさまざまな事例から判明したと思う[65]。

クール・ジャパンといわれるさまざまな媒体をつうじた文化交流は、単に日本のブランド・イメージを高めることから離れて、媒体をつうじたコミュニケーション（対話力）を促進し、自己と他者の違いを気づかせるだけでなく、異文化理解や識字教育に役立っている。

また、コミュニケーションの手段は、マンガ・アニメによる単一方向の伝達媒体だけでなく、視聴者が参加できる双方向のユーチューブにまで拡がっている。
コミュニケーションの手段が増えることで、グローバリズムの波に飲み込まれそうになっている世界の多くの人たちに手をさしのべる機会をもたらすことになるといえよう。

注釈

1　川村陶子、国際交流基金『主要先進諸国における国際交流機関調査報告書』、２００３年、２６７頁及び３０１頁。
2　川村陶子によれば、ドイツでは、保守派とリベラル派で、ドイツ文化に対する考えかたに違いがあり、「保守派は、文化の枠組みとなる国家という集団が設定されているのに対し、リベラル派は、文化を論じる際に、個人の自由と尊厳を最大限に重んじている、（中略）、すなわち、リベラル派はドイツの内部で文化の枠を作る集団は、ドイツ民族に限らない。定住外国人の文化アイデンティティにも目をむけるべきだとしている」（川村陶子「文化交流政策の中の文化と国家—戦後ドイツの論争」、平野健一郎編『国際文化交流の政治経済学』、勁草書房、１９９９年、34～35頁）。
3　成蹊大学文学部国際文化学科編『国際文化研究の現在—境界・他者・アイデンティティ』、柏書房、２００５年、58頁。
4　西野嘉章『21世紀の博物館—博物館資源立国へ地平を拓く』、東京大学出版会、２０００年、２０８～２０９頁。
5　西野嘉章「マルロー、シャステル、ラングーフランス文化財戦略の30年」『日本にとってフランスとは』、日仏会館主宰、於日仏会館、１９９８年12月。
6　岸清香、国際交流基金『主要先進国における国際交流機関調査報告書』、２００３年、３４９頁。
7　川村陶子・岸清香「『文化』は戦略化する」、国際交流基『遠近』、２００４年10月・11月号、25頁。
8　岸はフランス芸術振興協会を日本の国際交流基金と似た存在と見ている（国際交流基金『主要先進国における国際交

流機関調査報告書』、２００３年、３５６頁）。

9　２０１０年8月19日、パリ共同（下野新聞）。

10　渡辺愛子、国際交流基金『主要先進諸国における国際交流機関調査報告書』、２００３年、１９３頁。

11　川村陶子・岸清香「『文化』は戦略化する」、『遠近（をちこち）』第1号、国際交流基金、２００４年・10月・11月号、26頁。

12　２００９年1月に国際交流基金はブリティッシュ・カウンシルと共催で「今日の世界における国際文化交流の意義」というテーマでシンポジウムを行った。マーティン・デイビットソン（ブリティッシュ・カウンシル、チーフ・エクゼクティブ）は、イギリス政府とは距離を保つが、知英派を増やすために英国への留学生の勧誘を継続すると明言している。

13　日本で最初に設立された孔子学院は、２００５年10月に設立された「立命館孔子学院」であり、北京大学と共同運営を行っている。２００９年現在、日本には、17の孔子学院が存在する（『人民中国』２０１０年1月号、人民中国雑誌社、38～39頁）。

14　金子将史、北野充編『パブリック・ディプロマシー―世論の時代の外交戦略』、ＰＨＰ、２００７年、１７０～１７２頁。

15　青柳正規『文化立国論―日本のソフトパワーの底力』、筑摩書房、２０１５年、〈ちくま新書〉、35頁。在米ジャーナリスト・高濱賛「米国発　中国のプロパガンダ教育機関「孔子学院」がアメリカで次々閉鎖されている」、小学館、『サピオ』２０１５年3月号、25頁。

16　国際学友会は、東南アジアからの留学生を対象に１９３５年に設立された。設立目的は、「学生に依る国際間文化の交換及び本邦留学外国人学生の保護指導を図り、以って国際親善を増進する」というものであった（松村正義『国際交流　近現代の日本』、地人館、１９９６年、３００頁）。

17　『年表　30年をふりかえる』、国際交流基金、２００２年。
18　国際交流基金の設立にともない、日本語教育が日本文化紹介の事業と位置づけられ、海外での日本語学習熱や日本への留学生数が増大した。83年には「留学生10万人計画」が打ち出され、89年に国際交流基金内に、日本語国際センターが設立されて、人材教育や教材開発等の事業を行うようになった（平野健一郎監修『戦後日本の国際文化交流』、勁草書房、２００５年、23頁）。
19　２００５年度文化交流企画運営補助派遣レポート（http:www.jpf.go.jp/j/volunteer_j/report/culture-1.html）。
20　日本語能力試験は、１９８４年に始まった。毎年12月に全世界で試験が行われ、２００６年は43万７０００人が受験した。国別に受験者が多いのは、中国、日本国内、韓国である。（『日本語教育通信』第58号、国際交流基金、２００７年５月、１～２頁）。
21　楠田實（１９２４年～２００３年）は、１９７２年２月14日の日記に国際交流基金設立準備委員の人選に関わったことを記している（楠田實『楠田實日記』、中央公論新社、２００１年、６９７頁）。
22　国際交流基金『海外の日本語教育の現状―日本語教育機関調査―２００６年―概要』。
23　国際交流基金は、ＪＦ日本語教育スタンダードを利用した日本語教育を支援すべく、利用方法を解説したサイト（http：//jfstandard.jp/cando）を立ち上げた。
24　『をちこち』第21号、国際交流基金、２００８年２／３月号、60～63頁。
25　概要は、第１が文化芸術振興の基本方向であり、1．文化芸術の振興の意義、2．文化芸術の振興にあたっての基本的視点　3．文化芸術の振興にあたって重点的に取り組むべき事項が書かれている。３には、次の６つの項目で、①日本の文化芸術の継承、発展、創造を担う人材の育成、②日本文化の発信及び国際文化交流の推進、③文化芸術の戦略的支援、④地域文化の振興、⑤子どもの文化芸術の充実、⑥文化財の保存及び活用の充実、と謳われており文化協力に関連する事項は、②と⑥である。

第2は文化芸術の振興に関する基本的施策が書かれ、11の項目を挙げており、①各分野の文化芸術の振興、②文化財等の保存及び活用、③地域における文化芸術の振興、④国際交流等の推進、⑤芸術家等の養成及び確保等、⑥国語の正しい理解、⑦日本語教育の普及及び充実、⑧著作権等の保護及び利用、⑨国民の文化芸術活動の充実、⑩文化芸術拠点の充実等、⑪その他の基盤の整備等、を示している。（「文化芸術の振興に関する基本的方針」【第二次基本方針】の概要、『文化庁月報』、平成19年5月号、12～17頁）。

26　http://www.bunka.go.jp/kokusaibunka/bunkakyoryu/index.html

27　「文化財の国際協力の推進方法について」、文化庁文化財伝統文化課、平成16年8月26日。

28　筆者は、１９９９年8月～9月に、甲府の山梨県国際交流協会でインターンシップを経験した。研修項目は、国際交流センターの管理業務、国際交流センターの管理業務、国際香料事業、企画立案であった。当該協会には、ドイツ人１名（女性）、オーストラリア人1名（女性）の外国語指導助手が配属されていた。

日常業務では、語学ボランティアのリスト作成や移住先の南米から帰国した人たちの学童の医療問題（診察は国立病院で行われ、留学生がボランティアで通訳をつとめる）の討論に参加した。

私は山梨県の姉妹都市である四川省との関係に注目し、中国語語学留学制度を提案し、その結果、次年度から毎年１名、四川大学に語学留学することが認可された。

29　渡辺靖によれば、「JETプログラムは、外国語教育と国際交流の促進支援を通して日本の自治体の国際化を推進すべく１９８７年に始まったものである。今日では、パブリック・ディプロマシーとしても国内外で高い評価を受けるようになった」と述べている（渡辺靖『文化と外交―パブリック・ディプロマシーの時代』、中央公論新社、２０１１年、１５５頁）、自治体国際化協会『ＪＡＰＡＮ２００７ ＣＬＡＩＲ』、２００７年6月、11頁。

30　ＣＬＡＩＲは、ＪＥＴプログラム25周年を記念して、総務省、外務省、文部科学省と共催で２０１１年9月8日に、東京の国連大学でシンポジウムが開催し、地域の要望に合わせ成果をあげていることが発表された。

滋賀県長浜市では、人口12万5259人に対し、外国人比率が2・87％を示し、その中でもブラジル人が2115人（2011年11月現在）を占めている。長浜市は、ブラジル国籍の国際交流員2名を招請し、交流員による日本語教育講座や、外国人メール配信サービスをつうじ多文化共生を推進している（JETプログラム25周年記念特集、『自治体国際化フォーラム』2012年2月号、16〜17頁）。

31　野口昇『ユネスコ　50年の歩みと展望』、シングルカット、1996年、206〜208頁。

32　持続発展教育の普及促進のためのユネスコ・スクールの活用についての提言（2008年2月28日）をしている。ユネスコ・スクールの学習テーマは、①地球規模の問題に対する国連システムの理解、②人権、民主主義の理解と促進、③異文化理解、④環境教育等である。世界180カ国で約9千校が活動しており、日本国内では2011年現在、279の幼稚園、小学校、中学校、高校、教員養成系大学等が活動している（http://www.unesco-school.jp）。

33　2000年の基金発足以来、「パキスタンのEFA実施能力強化」「イエメン基礎教育教師トレーニング」「ニジェール初等教育臨時教員訓練支援」「ベトナムEFAパートナーシップ強化」「アフガニスタンにおける識字教育と学校外教育開発（ランド・アフガン）等がある（外務省・文部科学省『私たち、学びたい―日本による教育分野の支援』、2006年、21頁）。

34　養老孟司は日本独特のしぐさについて、「茶道なり武道なり、あるいは神道・仏道・修験道なり日本の伝統的な『道』を、思想として説明するのは困難である。世間ではそれをよく『理屈ではない』という。理屈ではないというより、『言葉ではない』のである。基本的にはそれらは所作、すなわち身体技法である。言葉で表現しない代わりに、こういうものが発達したのである」と説明している（養老孟司『無思想の発見』、筑摩書房、2005年、〈ちくま新書〉、147頁）。

35　2010年度から日本語能力試験が改定され、試験は、日本語の語彙、文法をどの程度知っているかだけではなく、日本語のコミュニケーション能力を計る。レベルは、N1〜N5の段階評価とする。

日本語能力試験では、アンケート調査を行い、受験者が自己評価を行えるＣａｎ‐ｄｏシステムを構築していく（コミュニケーション言語活動の熟練度を表すＪＦＣａｎ‐ｄｏの作成と評価、国際交流基金『日本語教育紀要』、第７号、２０１１年、25～29頁）。

36 長沢成次「日本語ボランティアネットワークの役割と課題」、駒井洋編『多文化社会への道』、明石書店、２００３年。

37 PETER・J・KATZENSPETTEIN "A WORLD of Regions", CORNEL UNIVERSITY PRESS, 2005,16p.

38 綿貫健治『ソフトパワー・コミュニケーション―フランスから見える新しい日本』、学文社、２００７年、２０２頁。

39 ポップ・アートはイギリスに始まって大陸諸国やアメリカに拡まったものだが、そこに用いられるイメージは、ポスター、看板、標識、漫画、写真等きわめて卑近な、それも主として工業化された大衆社会のイメージ群である（監修・高階秀爾『西洋美術史』、美術出版社、１９９０年、１７９頁）。

40 「文化外交の推進に関する懇談会　報告書」、２００５年7月11日、8頁。

41 ジャパーニーズ・クールという新しい日本文化にネーミングと理論的基礎を与えたのはアメリカ人ジャーナリスト、ダグラス・マックグレーである。マックグレーは、外交専門誌「フォーリン・ポリシー」の編集長で、ジャパン・ソサエティー招聘プラグラムで日本に2週間滞在し若者の取材をした。その記事を「フォーリン・ポリシー」（２００２年5・6月号）に「グロス・ナショナル・クール（ＧＮＣ）―日本のクール文化力」と題して大変話題となった（綿貫健司『ソフトパワー・コミュニケーション―フランスから見える新しい日本』、学文社、２００７年、23頁）。

42 小泉八雲（１８５０年～１９０４年）は、旧名はパトリック・ラフカディオ・ハーンで、新聞記者出身である。１８８４年にアメリカのニューオリンズの万国博覧会で外務省の服部一三に会い、日本に関心を持った。

１８９０年に日本に到着し、松江尋常中学、熊本の第五高等学校、東京帝国大学の英文科等で教職につくかたわら、執筆し、１８９６年に日本に帰化した（小泉八雲「京都旅行記」、平川祐弘編『明治日本の面影』、講談社、１９９０年、３０４頁）。

43　太田雄三『ラフカディオ・ハーン―虚像と実像―』、岩波書店、１９９４年、〈岩波新書〉、79頁。

44　吉田憲司『文化の「発見」』、岩波書店、１９９９年、82〜84頁。

45　大島清次『ジャポニズム―印象派と浮世絵の周辺』、美術公論社、１９８０年、１２１〜１２６頁。

46　ジャポニズム学会編『ジャポニズム入門』、思文閣出版、２０００年、22頁。

47　北斎漫画とは、葛飾北斎（１７６０年〜１８４９年）による絵本。半紙本15編15冊。漫画とは「漫然と書いた略画」、あるいは「筆にまかせて取りとめもなく描いた略画」という意味である（小林忠『江戸浮世絵を読む』、筑摩書房、２００２年、〈ちくま新書〉、２００２年、１７２〜１７３頁」）。

ポーランドのクラクフにアンジェ・ワイダ監督の募金呼びかけに応じて日本の国際協力で１９９４年に「クラクフ日本美術・技術センター」が完成した。ここでは、約５０００点の浮世絵コレクションの中から展示されている。このセンターの愛称は北斎漫画からとり「マンガセンター」と呼ばれている（兵頭長雄『善意の架け橋―ポーランド魂とやまと心』、文芸春秋、１９９８年、49〜52頁）。ヨーロッパでは、ジャポニズムは浮世絵の影響であり、とりわけ、北斎の影響が大きいと考えられている。

48　加藤丈夫『漫画少年物語―編集者加藤謙一伝』、東京堂出版、２００２年、１７６頁。

49　新漫画党とは、寺田ヒロオ、藤子不二夫、永田竹丸、守安なおや、坂本三郎がメンバーで結成され、後から鈴木伸一も加わった（鈴木伸一『アニメが世界をつなぐ』、岩波書店、２００８年、〈岩波ジュニア新書〉、99〜１００頁）。

50　講談社・丸山昭が、後に漫画家集団の住居・トキワ荘の住人の1人として活躍する水野英子を漫画家として育てていく過程が水野の回想からわかる（丸山昭『まんがのカンヅメ―手塚治虫とトキワ荘の仲間たち』、ほるぷ出版、

1993年、166～170頁）。

51　夏目房之介が『マンガの力』で、日本の戦後漫画の軌跡を辿り、第3回手塚治虫文化賞特別賞を受賞している（夏目房之介『マンガの力』、晶文社、1999年）。

52　鈴木敏夫『仕事道楽』、岩波書店、2008年〈岩波新書〉、33～34頁。

53　宮崎アニメに対する評価は、年々確実になり、2005年には、ヴェネツィア国際映画際において優れた世界的映画人に贈られる栄誉金獅子賞を受賞した（スタジオ・ジブリのホーム・ページ）。

54　日本の現代画家で最も人気があるのが、村上隆である。村上は自分の作品の購入者に対して10年間は転売しない条件をつけているが、これに反し、転売で利益を得ようとした不動産会社を2008年7月に東京地裁に提訴している（日本経済新聞、2008年、8月23日）。

55　横浜トリエンナーレとは地域興しを目的に2001年から開始された現代美術の国際展覧会である。第2回は2005年に行われ、第3回が2008年に開催された。主催者は、国際交流基金、横浜市、NHK、朝日新聞社、横浜トリエンナーレ組織委員会である。

56　2001年に群馬県立近代美術館で開催された「あるコレクターがみた戦後日本美術」という展覧会は、現代美術のコレクター・各務謙三が1950～1980の日本の現代美術を収集した中から34作家、95点を展示したものであった。

萬木康弘・福山美術館副館長は、「現代アートの大規模な個人コレクションとなると、きわめて少ないのがこの国の実情である。各務コレクションの存在は、その意味でも重要であり、さらに公立美術館へそれを寄託することの意味も、きわめて大きいものがある」と述べている（群馬県立近代美術館、萬木康弘「個人コレクションの起点と終着点」、『あるコレクターがみた戦後美術』、2001年）。

57　中野伊知哉・小野打恵『日本のポップパワー──世界を変えるコンテンツの実像』、日本経済新聞社、2006年、18

頁。
58　『ＪＡＰＯＮ』、飛鳥新社、２００６年は第35回日本漫画協会賞（２００６年度）を獲得した。
59　『をちこち』第19号、国際交流基金、２００７年、19頁。
60　「アニメ・マンガの日本語」ウェブサイトの公開後8カ月間（２０１０年2月1日～9月20日）で、１６９カ国・地域から１５０万ページビューがあった（「アニメ・マンガの日本語」ｗｅｂサイト開発、国際交流基金『日本語教育紀要』、第7号、２０１１年、１１５頁）。
61　１９９１年に鈴木伸一は、ＡＣＣＵから識字教育アニメ作成依頼を受け、マレーシアの漫画家・ラット氏のキャラクターを活用し、作画は、日本で行い、声優には日本ユニセフ大使であるアグネス・チャン氏にボランティアで出演してもらった（鈴木伸一『アニメが世界をつなぐ』、岩波〈ジュニア新書〉、２００８年、２～10頁）。
62　遠藤誉『中国動漫新人類』、日経ＢＰ社、２００８年、90、１０２頁。
63　遠藤誉『中国動漫新人類』、日経ＢＰ社、２００８年、２０９頁。
64　遠藤誉『中国動漫新人類』、日経ＢＰ社、２００８年、１４４～１６０頁。
65　岩渕功一は「国家も自らをいわばグローバル商品のひとつととらえて、スタイルとイメージの管理と広報によって国際的な場で売り込むことが求められている時代に入っているというのである。こうした国際戦略は実際に多くの国で推進されており、それはナイが提唱する安全保障のソフト・パワー戦略というよりは、実利主義的かつ便宜主義的に文化力の発信を利用して、魅力ある国イメージの政治経済に専心するブランド・ナショナリズムといえるだろう」（岩渕功一『文化の対話力―ソフト・パワーとブランド・ナショナリズムを越えて』、日本経済出版社、２００７年、90～91頁）。

参考文献

1．著作

青柳正規『文化立国論―日本のソフトパワーの底力』、筑摩書房、2015年、〈ちくま新書〉
岩渕功一『文化の対話力―ソフト・パワーとブランド・ナショナリズムを越えて』、日本経済新聞社、2007年
遠藤誉『中国動漫新人類』、日経BP社、2008年
太田雄三『ラフカディオ・ハーン―虚像と実像―』、岩波書店、1994年、〈岩波新書〉
大島清次『ジャポニズム―印象派と浮世絵の周辺』、美術公論社、1980年
加藤丈夫『漫画少年物語―編集者加藤謙一伝』、東京堂出版、2002年
金子将史、北野充編『パブリック・ディプロマシー―世論の時代の外交戦略』、PHP、2007年
監修・高階秀爾『西洋美術史』、美術出版社、1990年
楠田實『楠田實日記』、中央公論新社、2001年
小林忠『江戸浮世絵を読む』、筑摩書房、2002年、〈ちくま新書〉
駒井洋『グローバル化時代の日本型多文化共生社会』、明石書店、2006年
ジャポニズム学会編『ジャポニズム入門』、思文閣出版、2000年
鈴木伸一『アニメが世界をつなぐ』、岩波書店、2008年、〈岩波ジュニア新書〉
鈴木敏夫『仕事道楽』、岩波書店、2008年、〈岩波新書〉
中野伊知哉・小野打恵『日本のポップパワー―世界を変えるコンテンツの実像』、日本経済新聞、2006年
夏目房之介『マンガの力』、晶文社、1999年
野口昇『ユネスコ50年の歩みと展望』、シングルカット、1996年
平川祐弘編『明治日本の面影』、講談社、1990年

平野　健一郎編『国際文化交流の政治経済学』、勁草書房、1999年
平野　健一郎監修『戦後日本の国際文化交流』、勁草書房、2005年
松村　正義『国際交流　近現代の日本』、地人館、1996年
丸山　昭『まんがのカンヅメ―手塚治虫とトキワ荘の仲間たち』、ほるぷ出版、1993年
養老　孟子『無思想の発見』、筑摩書房、2005年、〈ちくま新書〉
吉田　憲司『文化の「発見」』、岩波書店、1999年
渡辺　靖『文化と外交―パブリック・ディプロマシーの時代』、中央公論新社、2011年、〈中公新書〉
綿貫　健治『ソフトパワー・コミュニケーション―フランスから見える新しい日本』、学文社、2007年
PETER・J・KATZENSPETTEIN"A WORLD of Regions",CORNELL UNIVERSITY PRESS,2005

2. 紀要／学術論文／報告書／事典

成蹊大学文学部国際文化学科編『国際文化研究の現在―境界・他者・アイデンティティ』、柏書房、2005年
外務省・文部科学省『私たち、学びたい―日本による教育分野の支援』、2006年
群馬県立近代美術館『あるコレクターがみた戦後美術』、2001年
国際交流基金『年表30年をふりかえる』、2002年
国際交流基金『主要先進諸国における国際交流基金調査報告書』、2003年
国際交流基金『2005年度文化交流企画運営補助員派遣レポート』
国際交流基金『海外の日本語教育の現状―日本語教育機関調査―2006年―概要』
国際交流基金『日本語教育紀要』、第7号、2011年

３．雑誌／新聞
『サピオ』、２０１５年3月号、小学館
『自治体国際化フォーラム』、２０１２年2月号、自治体国際化協会
『人民中国』、２０１０年1月号、人民中国雑誌社
『東方』３１２号、東方書店、２００７年2月
『日本語教育通信』第58号、国際交流基金、２００７年5月
『文化庁月報』、２００７（平成19）年5月号、文化庁
日本経済新聞、２００８年8月23日
『遠近（をちこち）』第1号、２００４年、国際交流基金
『をちこち』第19号、２００７年、国際交流基金
『をちこち』第21号、２００８年、国際交流基金

４．ホームページ
国際交流基金（ＪＦ日本語教育スタンダード）：http://jfstandard.jp
http://www.bunka.go.jp/kokusaibunka/bunkakoryu/index.html
ユネスコ・スクール：http://www.unesco-school.jp

第5章　文化外交の将来戦略

第5章の目的

日本は、第二次世界大戦後に文化国家を表明したが、経済復興の結果、高度経済成長を遂げ、文化国家というよりは、経済大国になった。その結果、国際社会での発言力を増すために国際連合の安全保障理事会・常任理事国になることに力を傾注したが、現常任理事国の反対で実現しなかった[1]。

日本の立場から国際連合を見ると、国際連合はもともと、第二次世界大戦の戦勝国が戦後処理の枠組みとして企画立案したものであり、戦勝国のハード・パワーに裏づけられている。

ハード・パワーと対照的なソフト・パワーを十分に発揮するためには、まずハード・パワーを備えていることが重要である。日本は、ハード・パワーの裏づけとなる高度の防衛力と経済力を備えており、ソフト・パワーを十分に発揮できる条件を備えている。

しかし、ハード・パワーには限界があり、外交交渉の相手国から威圧と解釈され、必ずしも相手国から信頼されるとは限らない。そこで、日本は、ハード・パワーを過信せずに、ソフト・パワーを駆使して、平和構築に寄与する文化外交を展開する用意がある。このソフト・パワーの資質を高め、活用するためには、文化外交を支える体制を確立する必要がある。

まず、文化のふれあう場としてのミュージアムと図書館の役割が大きい。少年・少女時代から図書館で読書の習慣を身につけ、ミュージアムをつうじ、日本文化のみならず異文化理解の手段を知ることで、日本文化に親しむ裾野を広げられるであろう。

このように、国民の多くが、文化に親しむ土壌を整えた上で、文化外交を支える教育政策の確立と実施機関の充実が望まれ、特にユネスコの存在は大きく、日本はユネスコへの関与を重視すべきであろう。

さて、現在の日本は、急激な高齢化社会に向かっており、日本のＧＤＰ（国内総生産）は減少し、税収が減り、近い将来、予算規模を縮小せざるを得なくなろう。そこで、まず、緊急度が高い、防衛、外交、福祉等に多くの予算を配分し、文化予算は必要最小限にして、大部分を民間委託することも考えられる。

しかし、日本の指導者が、国力維持を目的に、ハード・パワーに力点を置いた政治・外交政策に転換するために、防衛と外交に予算を重点配分する計画を立てることが現実的な選択なのであろうか。そこで、予算規模が縮小する中で、文化予算を効率的に運用し、日本が文化水準を維持できる方法について検討した。

文化庁は、２００７年の「歴史文化基本構想」の中で、各地方公共団体が、文化財をその周辺を含めて総合的に保存・活用するよう提案した。

文化庁は、この構想の実現には、地方公共団体のみならず、地域住民の参加が不可欠と考えているが、住民参加は、必ずしも容易ではない。また、この構想を推進するためには、日本を過疎と過密の地域に両極化させないことが前提となる。

各章で実例を挙げてきたように、日本は、近代化を達成するために、西欧文化を受容してきたが、無条件に取り入れたわけではない。また、日本文化は各地域文化の集積の上に形成されたものであり、国内文化予算を含め、安易に、文化予算を削減すべきではない。

すなわち、地域社会に属する国民が地域文化に向き合うことで、国と地域の双方に刺激を与え、相乗効果を生むと思われる。

すなわち、日本は、国民が地域社会と密接に関わることで、文化外交を推進するための条件を整え、国際社会から信頼されるであろう。

第１節　文化外交を支える教育・研究体制

世界が平和で国際紛争が少ない社会になるためには、それぞれの国で、文化にアクセスする手段が豊富にあることと、国際政治を左右する大国が軍事を背景にした強権的な外交から脱却する必要がある。日本が平和構築に寄与する文化外交を展開するためには、少年・少女時代からミュージアムと図書館に親しみ、十分に活用することを教育で会得させ、文化を重視する人たちを増やすことで視野を拡げ、その上に文化外交を支える教育・研究体制を確立する必要がある。

日本は国内では少子高齢化の影響もあり学芸員や司書が専門家として働く場が少なくなっているが、学芸員の役割を知ってもらうために、あえて国は親子で旅行をする機会が多い5月の連休に「博物館の日」をもうけて、当日は、博物館、美術館、動物園、植物園等を小学生は入館料無料、中学生は入館料半額にすることも検討すべきであろう[2]。社会教育法を一部改正し、「図書館及び博物館が行う事業に、学習の成果を活用して行う教育活動の機会を提供する事業を追加する[3]」ことになっているが、上記の事を実施することは、法律改正を後押しすることにもなる。

また、日本で国際公共政策を研究する大学院ができつつあり、その中の１つの政策研究大学院大学[4]には文化政策プログラムのコースがある。ここでは、日本の文化政策、文化関連活動にたずさわる行政官や研究者が学んでいる。講義には文化資源論、比較文化、文化政策評価等がある。これらの講義は文化政策の立案に必要不可欠である。

今後、日本が文化外交を展開するためには、比較文化政策、文化を支援するパトロネージ、文化をめぐる寄付税制等の研究が進められることになろう。

さらに一歩進めて、文化外交を推進するためには、文化と平和構築の関わりを研究する研究体制を整える必要があろう。２００８年４月に国際交流基金と青山学院大学が共催で設立した青山学院大学国際交流共同研究センターは、研究テーマに文化と平和構築の関わりを掲げている。文化と平和構築の関わりを研究することで、日本外交を文化の観点から見直すことになり、今後の成果が期待される[5]。

第２節　ソフト・パワーとしてのユネスコの強化

ユネスコは、加盟国が多く、極めて民主的な組織である。一国が一票の権利を主張できる。逆に国際通貨基金のように分担金を多く出した国の発言が強く、弊害はあるものの、各国に対し、強制力をともなう政策を発揮できる国際機関もある。

ユネスコを国際通貨基金と同列には考えていないが、世界の各地で失われつつある少数民族の文化・風習を保存し、途上国における金目当ての文化財の盗掘や売買を阻止するためには現状のユネスコは、人の「善意」に頼りすぎ、あまりにも無力である。ユネスコの権威を高め、実効性のある政策を打ち出すためには、機構改組と日本のユネスコ支援策を進めることと、ユネスコ・アジア文化センター（ＡＣＣＵ）の強化が急務である。

国際的に周知して欲しいユネスコ活動の１つに、「世界遺産」の図書館版ともいえる「世界の記憶」

（Memory of the World）がある。この事業は、１９９２年から開始され、文化遺産として世界的価値を持つ、さまざまな言語や文化を反映している文献資料を登録し、その重要性について社会的認知を図り、関係者の意識を高め、それらが劣化・破損・散逸するのを防ぐと同時に、それらにアクセスできるようにすることを目的としている[6]。

上記のことと関連があるのだが、ＡＣＣＵは、１９６７年に第1回の「アジア地域図書館開発会議」を開催し、アジアにおける子どもたちの本の出版関係者に対する研修コースを毎年実施するようにした。しかし、まだアフリカでは、子どもたちの本を出版印刷するにはほど遠い。日本政府はユネスコ支援策の一環として、ＡＣＣＵと共同でアフリカ諸国に対して同様の研修の機会を提供できるように配慮すべきであろう。

第1項　ユネスコの機構改組

まず、ユネスコの文化遺産部の活動[7]について見てみる。

（1）無形・有形文化財の保護と再活性化

（2）世界文化遺産・自然遺産保護協定の促進

目的：文化遺産の保護のための規範実施と文化財破壊予防活動。無形・有形文化財の保護に関する国際協定の批准、および執行改善をユネスコ加盟国に働きかけ、文化財破壊予防活動を行う。

文化財と開発：国家開発計画の中に遺産管理を統合するよう、遺跡保存管理、博物館運営などを強化する。

無形文化の保存と再活性化：無形文化財保護の専門家養成、無形文化財の継承の促進、無形文化財保護に関する国際的基準作成のための予備調査。

紛争被害遺産の修復：紛争により被害を受けた文化財の修復活動を通じて、平和の文化につながる社会調和の促進。

上記で記されている「文化財と開発」については、ユネスコの各国への働きかけで、文化財の活用について遺跡を含めた地域の基盤整備を進め、文化観光につなげる動きがでてきた。その良い例が第3章で取り上げたカンボジアの遺跡保存である。しかし、紛争による文化財の破壊や文化財の盗難は後をたたず、被害は甚大である。ユネスコは1970年に「文化財の不法な輸出、輸入及び所有権譲渡の禁止及び防止に関する条約」を採択、1972年にユネスコ条約として発効したが、ユネスコ加盟国が必ずしもこの条約を批准しているわけではなく、実効性が低い。日本もやっと2002年に批准したが、これに関連して厳しく国内法を整備した。

次に、ユネスコの条約と文化財の間に起こる問題を説明し、それに対する抜本的対策を明らかにしたい。河野靖が、文化財の密輸出入の問題点を指摘しているので、次に要約する[8]。

文化財の密輸出入の防止には、盗品の国際手配が必要で、インターポールの協力が欠かせない。しかし、密輸出入品が流通する美術品市場が存在するため、この問題は容易に解決できない。その理由は、文化財の帰属の問題と取得者の立場に起因する。仮に取得者が善意であっても、返却される場合には補償金が発生するし、不正取引に関わる条約に当事国が加盟しているか否かという問題もあり、また不正が認められたとしても罰則規定が存在していないという問題もある。

日本が文化財の密輸出入の条約に関連して成立させた国内法、「文化財の不法な輸出入等の規制に関する法律」（法律第81号、2002年6月9日成立）は、7条からなり、法律の中には次のような条文がある[9]。

第一条　省略
第二条　省略
第三条
「外務大臣は、外国から条約第七条（b）（i）に規定する施設から盗取された旨の通知を受けたときは、遅滞なく、その内容を文部科学大臣に通知するものとする。
2　文部科学大臣は、前項の規定により外務大臣から通知を受けたときは、当該通知に係わる文化財を、文部科学省令で定めるところにより、特定外国文化財として指定する。
3　文部科学大臣は、前項の規定による指定をしようとするときは、経済産業大臣に協議しなければならない。
第四条
特定外国文化財を輸入しようとする者は、外国為替及び外国貿易法（昭和二十四年法律第二百二十八号）第五十二条の規定により、輸入の承認を受ける義務を課せられるものとする。
第五条　省略
第六条
特定外国文化財の占有者が民法（明治二十九年法律第八十九号）第一九二条の条件を具備している場合であっても、第三条第一項の盗難の被害者は、同法第一九三条の規定による回復の請求に加え、盗難のときから二年を経過した後十年を経過するまでの期間にあっては、当該占有者に対してこれを回復することを求めることができる。ただし、当該特定外国文化財が本邦に輸入された後に第三条第二項の規定により指定されたものであるときは、この限りでない。

2　前項本文の場合においては、被害者は、占有者が支払った代価を弁償しなければならない。

第七条　省略

これ以外にハーグ条約[10]（武力紛争の文化財保護に関する条約で1954年に採択）があり、さらにユネスコは、不法取引防止を強化するために、1995年にユニドロワ条約[11]を採択した。しかし、ハーグ条約とユニドロワ条約は理想論であり、ただちに、多くの国が批准することは難しいと思われる。日本は、ハーグ条約を国会の承認を得て、批准書を2007年9月にユネスコに寄託し、3カ月後の12月10日に発効となった[12]。

すでに、日本は1989年に、歴史的重要建造物や考古学的遺跡等の有形の文化遺産の保護、保存を目的とした「ユネスコ文化遺産保存日本信託基金[13]」を設立し、高い評価を受けている。日本が、盗難文化財に取り組む姿勢を国際社会にアピールすることで、日本が主導してユネスコをより活性化させる可能性も十分あると思われる[14]。

松浦晃一郎が1999年に第8代ユネスコ事務局長に選任され、2005年に再任された。松浦事務局長はユネスコ改革に取り組み、財政的な無駄を削るだけでなく、淡水問題に取り組み、大きな反響を呼んだ。具体的には、2003年に「世界水発展報告書」としてまとめられた。報告書の要旨は「今後の世界人口の増加とそれに伴う生産活動の発展、生活様式の変化等により水の需要量は着実に増加し、2025年には2003年の約1・4倍になると予想されていて、増加する水需要に対して供給量が追いつかない地域が増加すると予測される」[15]。またスタッフが本部に偏在しているのを是正し、人的資源を本部対在外事務所の割合を5対1から3対1にひきあげ、途上国への対策を充実させた[16]。

ユネスコが進める途上国の初等教育は、広い意味で自己のアイデンティティの確認につながり、文化財保護の意識につながる。ユネスコは、盗難文化財対策に今後より具体的な活動を進める必要があると思う[17]。

また、ユネスコが少数民族や無文字社会の伝承を尊重するために地域政策として「アフリカ開発会議[18]」の政策テーマを参考にし、アフリカに関わる展示を世界各地のミュージアムや図書館で行えるように協力することで、アフリカに対する関心が国際社会で深まり、アフリカの貧困撲滅や感染症対策につながげられるであろう。

第2項　ユネスコ・アジア文化センター（ＡＣＣＵ）の強化について

ユネスコ・アジア文化センター（Asia-Pacific Cultural Centre for UNESCO　略称ＡＣＣＵ）は、１９７１年に日本の民間と日本政府の協力によって設立された財団である。70年代を境に対アジア地域向け国際交流団体の設立数が対米向け設立数を上回り、「担当地域としてのアジア」という意識が創り出された[19]。

２００７年度のＡＣＣＵ予算総額は９億２５３６万円で事業資金の46・７％（４億３２４４万円）がユネスコ等国際機関助成金でまかなわれており、日本政府の国庫補助金は、事業資金の17・５％（1億６２００万円）である。事業内容は、文化協力、教育協力、人物交流である。

ＡＣＣＵに関し30年史[20]とパンフレットをもとに説明する。

文化協力事業では、１９９９年に文化庁や奈良県・奈良市の協力で文化遺産保護協力事務所をつくり、文化遺産に関する国際会議を主催した。無形文化遺産[21]に世界の関心が拡がるようにコンテンツ制作をして、ＡＣＣＵがマスター版として英語版を作り英語版の普及や各国版の制作・普及をめざしている。

図書開発に力を入れていて、中でも共同出版計画は実績がある。手順は、まず、各国の専門家が集まり、事業のテーマや内容等を企画する。次に、各国は制作物のために原稿や資料を提供する。さらに、ＡＣＣＵ

がマスター版（英語版）を編集し作成する。最後に各国がマスター版をもとに自国版を作成して活用する。教育協力事業は、識字教育（万人のための教育）、持続可能な開発のための教育、女性のための識字教育の3分野からなる。

人物交流事業は、ユネスコ青年交流と国際教育交流の2分野からなる[22]。

図書開発では、現在、マスター版は29タイトルになり、アジア18カ国、27言語及び、圏外のヨーロッパ8カ国、9言語で420万部に達しており、識字教育では「ミナの笑顔」シリーズ（農村に住む女性のミナが主人公）が37言語で収録されている。

ACCUは、2011年11月から特別公益法人として活動することになり、国の補助金を得られなくなり、事業の絞込みを行ったが、識字教育については継続の予定なので、今後の推移を見守りたい。

日本はEUのような文化に関して、アジア地域共同体としての事業がしづらいので、積極的にユネスコとの事業を行うべく、民間との連携を強め、ユネスコ事業に関わる広報活動を強化すべきであろう[23]。

第3節　日本の文化外交の将来

第1項　日本がめざすべき文化外交・文化協力

日本がめざす文化外交・文化協力について考えてみたい。次に文化外交の前提条件を提示し、文化外交の可能性を述べたい。

前章までで説明したように、日本には、国難に全力で立ち向かう多くの先人が存在し、そのことが勤勉な日本国民を勇気づけていると思われる。そして、日本人は困難には全力で立ち向かい克服しようと努力する国民性を持っている。日本の近代化には、欧米の技術や知識が必要であり、そのために欧米文化の背景となるキリスト教について知る必要があった。国は、明治維新後の岩倉使節団派遣から第二次世界大戦後の占領統治時代にいたるまで、キリスト教に関わる情報を取得し、国民に提示し、国民がキリスト教に対し理解を深める機会を提供した。また、第二次世界大戦の敗戦後は、多くの有識者が日本人論を書き、考え、自国文化、自国の国民性を理解することで、自信をとりもどし、異文化理解を深めるようになった[24]。

日本が明確な国策として、文化外交を打ち出すためには、国家、国民、宗教の有機的な結合が必要である。たしかに、日本国憲法の20条、89条に謳われている信教の自由や国家と宗教団体の分離は、戦前の国家神道のことを考えれば、当然であるが、信教の自由があることと、「宗教」について知り、考えることは別である。これについては南原繁の丸山真男との対話での発言は注目に値する[25]。

これからは、日本国も、日本に帰化を希望する人たちに対し、日本人とは、血統ではなく、日本語を理解し、日本文化を容認する人たちと捉え、帰化を許可するためには日本語と日本文化の常識テストの受験を義務づけるべきである。許可を与えた人たちに対しては、職業訓練、教育の機会の提供を考える必要があると思われる[26]。

従来、日本人は、宗教に寛容であったが、どちらかと言えば、無関心の人が多かった。新しく帰化した人や定住する外国人が増加する中で、日本人の多くが宗教の一般常識を持つ必要があろう。国民が、多文化社会に偏見を持たなければ、隣人と共生でき、日本の内なる国際化が進み、日本が進めるべき、文化外交・文化協力にも国民の理解が深まるであろう。

第2項　文化外交の体制づくり

小泉内閣の時の2005年7月に、文化外交の推進に関する懇談会が報告書を作成し、小泉内閣は文化外交を表明した[27]。外交青書に文化外交の用語があらわれたのも、2005年が最初であった[28]。日本は明治維新（1868年）から第二次世界大戦の敗戦（1945年）まで富国強兵政策を行い、外交では、武断外交を推進し、敗戦後は、経済復興を行い、経済大国をめざし、経済外交を行ってきた。しかし、グローバリズムの進展と日本の少子高齢化で、すでに到達した経済大国を維持するには困難な状況が生じつつある。経済外交に変わる新しい外交理念を模索する時代になってきている。

報告書では、文化外交の理念と行動方針として次の3つの柱、「発信」「受容」「共生」を掲げ、文化交流受益国から文化交流発信国となるべく、「発信」の分野で取り組むべき課題として、次の5つを挙げている。

1　日本語の普及と日本語教育の推進
2　知的・文化資産としてのコンテンツの振興と発信
3　情報の発信機能の充実
4　対外的なメッセージの発信機能・広報活動の充実
5　国際交流場面における体験的な日本文化の発信

いずれの課題についても本論文で論考してきた内容である。すなわち、日本国内で、十分に日本語教育が行われ、日本人が日本文化をよく理解することが、日本が文化外交を行うための前提条件となる。

すなわち、日本に帰化を希望する人たちに対し初等・中等教育で、日本語の基礎を身につけるように教育することであり、日本語を読めるだけでなく、日本語で文章を書く習慣を身につけさせることである。また、日本定住の外国人小・中学生に対し日本語補習授業を徹底すべきであろう[29]。

アメリカの国際社会での影響力が相対的に弱まり、中国が大国としてますます発言力を強め、また現在、日本が国際社会で発言力を維持するには思い切った対応策を講じるべきと考える。

なかでも、報告書の第３項目に掲げられている情報発信機能の充実が、今後、特に重要になると思われる。日本は、多文化社会を前提に、従来のようにアメリカの覇権体制下でアメリカとの同盟関係のもとにアメリカのネットワークとつながることで満足するのではなく、日本のソフト・パワーを発揮することを念頭に置いたネットワーク形成をする戦略を立てるべきであろう。すなわち、ソフトのみならず、ハード、すなわち情報発信の体制づくりが必要と考える。

今後は、２国間だけでなく、多国間のネットワークが重要である。また報告書の第２項目に掲げられたネットワークにのせるコンテンツ制作に力を入れることでソフト・パワーの強化につなげるべきであろう。コンテンツのテーマは、「環境・文化・歴史」が考えられ、文化庁が現在、主催している「メディア芸術祭」の規模を拡大し、日本が得意とするアニメ制作に力を注ぐ必要がある。さらに、すでに、ＡＣＣＵが開発したアジアの民話アニメをＮＨＫ等の公共放送で放送することも呼び水になろう。アニメをとおした国際的ネットワークも１つの手段と考えられる[30]。

第４、第５項目については、日本語の活用が重要であり、日本語の国際社会での活用拡大に努力することである。また日本語の文献を英語・中国語・スペイン語に翻訳するための助成を国家として推進し、日本の学術成果を国際的に広める機会を増やすこと等が考えられる[31]。

そして、大平内閣時代の中国との日本語高等教育協力事業が、中国の日本語研究を進展させたことからも判るように、2国間の語学協力事業にも力を尽くすことが必要と思われる。

近年文化外交に対する日本政府の取り組みが定着し、外交青書に「海外への情報発信と文化外交」の節が設けられるようになった[32]。このことは、文化外交を経済外交に代わる日本の外交方針として大きな位置づけにする時期に来た証しと考えられる。

上記のような事項を円滑に実現するためには体制づくりが重要であり、企業メセナ協議会は、2007年6月に文化省設置を視野に入れた、示唆に富む提言を行っている[33]。

従来は、文化交流に関し、外務省と文化庁で別々に行われ、人的交流も少なかった。2010年に元ユネスコ大使の近藤誠一が文化庁長官になったことで、障壁が低くなったように思われる。そこで、外務省と文化庁を母体にした文化省の早期実現が望まれる。

文化省はまた情報収集と情報発信が十分にできるようにメディア部門を内包する必要があると考える[34]。

第3項　文化外交における文化財の位置づけ

近代国家の成立にあたって、西欧諸国は前代から引き継いだ文化財を集積して、博物館をつうじて展示をしてきた歴史がある。これに対し近代化をめざした明治の日本では、御物としての法隆寺献納物や正倉院宝物が存在し、これらの帝室御物を中心に文化財を保存管理してきた。すなわち、第二次世界大戦以前の日本では、文化財の博物館をつうじた公開に消極的であった。このことがその後の日本の国内文化政策に影響を及ぼした。また、第二次世界大戦中に占領地での文化財保護を名目に文化財を接収し、日本民族中心の歴史観を植えつけるために考古学資料を利用したと海外から戦後非難された。

現在の日本は第二次世界大戦中の考古学資料の政治的利用の反省に立ち、文化財の取り扱いに慎重になり、なおかつ、他国が文化財をとおしてアイデンティティを確認する事業に積極的に協力している。その好例がカンボジアの遺跡保存事業への協力といえよう。しかし、全ての国が日本と同様な姿勢で文化財に取り組んでいるわけではない。

中国は、１９２７年、南京に蒋介石政府ができると、中央研究院を創立し、発掘を開始した。蒋介石は国共内戦に敗れると、故宮の遺宝とともに１９４８年に台湾へ逃れた。中国本土では、中央研究院の代わりにソ連の科学アカデミーをモデルに中国科学院が１９５０年に設立された。考古学が国家事業となり、資料の解釈もマルクス主義の観点から行われ、１９４９年から１９９０年までは発掘現場から中国人以外は締め出された[35]。かつては、中国は黄河文明で代表されると考えられていたが、発掘事業が進み、長江流域の浙江・江蘇省を中心にする良渚文化が注目されるようになった。発掘事業が進むことは喜ばしいが、湖南省出身の毛沢東主席の支援と奨励の結果と見るむきもあり、中国は現在も考古学を政治的に利用している。同じく、ロシアも中央アジアが以前からロシアの支配下にあったことを証明すべく、中央アジアの発掘に熱心である。

日本は今後も文化財と政治的な野心を絡めることなく、文化財に取り組むことで、国際社会の信頼を維持し、文化外交の手段として文化交流から文化協力への流れを強める時期に来ていると考える。

第４節　成熟社会における文化の役割

日本は、急激な高齢化社会に向かいつつあり、その対応が急がれる。

因みに、日本のＧＤＰ（国内総生産）が減少し、日本の予算規模が縮小すれば、ハード・パワーに力点を置いて、予算は防衛と外交に重点配分し、文化事業は緊急度が低いことを理由に、予算を縮小し、大部分を民間委託することも考えられる。

だが、国民は第二次世界大戦後70年、平和を享受し、核兵器にアレルギーを持っているために、指導者が、ハード・パワーを重視した政治・外交政策に転換することは現実的ではなかろう。

そこで、日本が、予算が縮小しても文化水準を維持し、文化外交を推進する方策について考えることにした。

国内に目を向けると、文化庁は、すでに、２００7年に、各地方公共団体が、文化財をその周辺環境を含めて総合的に保存・活用する「歴史文化基本構想」を提示している[36]。

文化庁は、この構想の実現には、地方公共団体のみならず、地域住民の参加が不可欠と考えている。しかし、従来、各地で行ってきた公害対策等の住民参加とは異なり、地域の歴史・文化に対する知識と地域に対する接合力も要求される。

そこで、むしろ地域に縁の深い高齢者の活用が望まれる。ＮＰＯによる参加だけではなく、住民の智恵を生かした文化財の保存修復を行い、各々の住民が力を出し合って文化財の修復にたずさわることを考える時期に来ていると思われる[37]。

この歴史文化基本構想を推進するためには、まず日本の人口動態を知る必要がある。因みに、国立社会保障・人口問題研究所の統計によれば、２０１０年の総人口は1億２８００万人であるが、50年後の２０６０年には、総人口は約3割減少の８６７０万人になるとしている。尚、65歳以上の高齢者の割合は、２０１０年では、23％であったのが、２０６０年には39・9％にまで上昇すると予想している[38]。

このような将来の環境の悪化を悲観するのではなく、どのようにすれば、人口が減っても、文化レベルを維持できるか、日本と共通点があるイタリアと比較して考えてみたい。

イタリアの都市計画に詳しい民岡順朗によれば、イタリアは約30万平方キロメートルの国土に6千万人の国民が住み、地形は、日本と同様に南北に細長く、山地が多く、平野が限られている。また、人口分布も日本と同様、約千キロメートルの範囲の主要8都市に人口が集中していると述べている[39]。

さらに、イタリアでは日本より早く都市化が進み、1960年代に都市部が空洞化し、急速に進んだ少子高齢化で都市が衰退していったが、このような状況でイタリアは、大規模な再開発や都市改造ではなく、個々の建築物を丹念に修復・再生するという保存修復型街づくりをすることで問題を解決した[40]。

日本もイタリアと同様に第二次大戦の敗戦国であり、経済復興から高度成長を辿ったことでは同じであるが、国民性が違うので、同様な対応ができるとは思えないが、参考にすべき点は多い。

そこで、日本も、今後は総人口が大幅に減少することを前提に、少なくとも人口が集積されている8都市（東京、川崎、横浜、名古屋、京都、大阪、広島、福岡）では、民間が積極的に行ってきた都市の大規模開発を、日本政府が中止させる法律の制定を検討する時期にきていると考える。

すなわち、まず、日本を過疎と過密の地域に両極化させずに、人口減少社会にみあった都市計画を国土交通省が提示した上で、各地方公共団体に歴史文化基本構想に沿った街づくりを実行してもらうことが肝要であろう[41]。

仮に、大都市の東京23区を例にとっても、山の手、下町、あるいは、江戸時代からの文化及び文化財の継承の違いで、街づくりの仕方が異なるであろう。文京区の場合は、自然環境は、神田上水と坂道でつくられ、文化は、大名庭園に代表される武家文化の伝統を引継いでいる[42]。

つまり、地域住民が地域の文化的魅力を知り、地域文化を守り、地域同士で切磋琢磨することで、日本の地域文化の水準は高まりこそすれ、低下することはない。

上記のように、地域社会と国民の関わり方について述べたが、この考え方は、国内の文化事業を、中央から地域社会に移管し、国民に負担を付加することを意味していない。国だけでなく、地域社会に属する国民が地域文化に向き合うことで、国と地域の双方に刺激を与え、相乗効果が生まれると思われる。

そもそも日本は、古い歴史と文化を有し、明治維新以降も、自国文化を守りつつ、欧米化を受容すべく、さまざまな努力をしてきた。

因みに、政府は、キリスト教の布教を認め、キリスト教関係者の女子教育への参画に理解をしめし、各地にキリスト教系の女学校が成立した。

芸術については、特に音楽では、学校教育で西洋音楽を奨励し、演奏家を育て、現在は、国際的レベルに達している。これに対し、美術では、岡倉天心をはじめとして、芸術教育が欧化していくことに反発と危機感を覚え、日本文化を守る方策がとられた。

時代は下がり、日本が明治維新を成功させた後、日本が、軍事力でアジアへ進出した時代に、柳宗悦は、民藝運動をつうじ、アジアとの連帯を図っている。さらに、第二次世界大戦後の初代文部大臣の前田多門は、『武士道』の著作者として知られる新渡戸稲造の薫陶を受けた人物で、文化交流に理解のある人物であったことが日本のユネスコ加盟を早める要因になったことも見逃せない。

つまり、日本は、多くの人材が芸術文化に関わることで、自国の歴史と文化を充分に認識した上で、無定見に欧米化を図ることなく、近代化を達成できたのである。

すなわち、日本の文化は、各地域社会の文化の集積の上に形成されたものであり、歴史と文化の基本構想を軸に、国民の各々が関与し、民間主導で行えば、継承されるに違いない。

その結果、国家予算が縮減されても、文化予算は大幅に削減されずに、対外文化政策に傾注できるようになり、文化外交に推進力をつけ、日本は、文化大国への道を歩むことができるであろう。

注釈

1　国連の安全保障理事会の常任理事国は、第二次世界大戦の戦勝国５カ国で構成されている。日本は常任理事国でないにもかかわらず、国連の通常予算の分担金では、アメリカに次ぎ、16・６％支払っており、イギリスが６・６％、フランスが７％、ロシアが１・２％しか支払っておらず、日本の分担金が４カ国の合計とほぼ同じである（北岡伸一『国連の政治力学』。中央公論新社、２００７年、〈中公新書〉、28頁）。

2　国際博物館会議（ＩＣＯＭ）が１９７０年に「国際博物館の日」を５月18日に制定し、日本も博物館協会を主体として２００２年から参加しており、松本市のように、国際博物館の日を市の博物館の日と定め、入館料を無料にしている場合もあるが、きわめて稀である。博物館や美術館等の施設を積極的に活用するためには、国民の祝日として制定するのがよいと思われる。

3　社会教育法改正に伴う図書館法の一部改正（第３条及び第15条関係）と博物館法の一部改正（第３条及び21条関係）、施行は２０１０年４月１日である。

4　文部省が中心となり、政策研究機構に関する調査研究会で調査を進め、１９９４年に報告書がまとめられ、それにもとづき、１９９７年に政策研究大学院大学が設立された。修士課程、博士課程があり、海外からの留学生も多い。

5　中間報告書が発行され、報告書は、紛争予防、紛争中、紛争後の各段階で文化が果たす役割が述べられている。分析の対象は多岐にわたり、さまざまな援助団体の活動にまで及んでいる（青山学院大学国際交流共同センター『平和の為の文化イニシャティブの役割【中間報告】』、２００９年３月）。

6　竹内比呂也「ユネスコが進める図書館・情報サービスの基盤整備」、『国際交流』１０３号、２００４年４月、37頁。

7　UNESCO、"Approved Programme and Budget for 2000-2001".
8　河野靖『文化遺産の保存と国際協力』、風響社、1995年、300〜303頁。
9　文化庁文化財部監修『文化財保護関係法令集』、ぎょうせい、2006年、561〜562頁。
10　ハーグ条約の一般保護規定は次のとおりである。1．平和時において、自国内の文化財を武力紛争時に予測される影響から守るための措置をとること（第3条）、2．武力紛争時において、自国領内および他の締約国内にある文化財を尊重し、それらを破壊又は損傷の危険にさらすことをつつしむこと（第4条1項）、3．文化財の窃盗、略奪又は横領および野蛮な行為の禁止、防止又は停止させること（同3項）、4．他の締約国内にある可動文化財を徴発しないこと（同項）、5．文化財に対し復仇手段として如何なる行為をもしないこと（同4項）、6．他の締約国を占領している場合に、被占領国による文化財保護を支援すること（第5条1、2項）、7．平和時において、締約国はこの条約の遵守を確保するような規定を軍の規則又は訓令に入れること、軍隊構成員に諸国民の文化と文化財尊重の精神を涵養すること、そのための要員を自国の国内に設置又は設置を計画すること（第7条1、2項）としている。このほかに特別保護規定があり、1．可動文化財を武力紛争の際に防護するための避難施設、文化財集中地区、および非常に重要な非可動文化財は、次の要件をみたす場合には、その数を限定して、特別保護の下におくことができる。その要件とは、それらが大きい工業地区又は重要軍事目標（飛行場、放送局、港湾、交通幹線）から妥当な距離にあること、軍事目的に使用されていないことである。2．特別保護をうけるためには、文化財を「特別保護文化財国際登録簿」に登録しなければならない。この登録により文化財は国際管理下におかれる（河野靖『文化遺産の保存と国際協力』、風響社、1995年、237〜238頁）。
11　ユニドロワ条約は、前文と7章でなっており、第1章が総則、第2章が成立、第3章が有効性、第4章が解釈、第5章が内容、第6章が履行、第7章が不履行である。第1章の第1・4条で強行規定を、第2章の2・16条では秘密保持の義務を、第3章では、3・8条で詐欺、3・9条で強迫、第4章の第4・2条では、言明その他の行為の解釈を、第

５章では５・７条では、価格の決定を、第6章の６・２・1条では、契約は守られるべきこと、第7章では、第７・1・５条では履行のための付加期間が明記されている。個人対個人の関係まで規制し、条約履行のための方策が細かく規定されている（『ユニドロワ国際商事契約原則』ＮＢＬ７５４号、曽根和明・廣瀬久和・内田貴・曽野裕夫訳、２００３年）。

12　松浦晃一郎『世界遺産　ユネスコ事務局長は訴える』、講談社、２００８年、54頁。

13　文化遺産保存信託基金は、平成19年度の日本のユネスコ関係予算では、1億７４００万円計上され、カンボジア遺跡保存にも活用されている（平成19年度ユネスコ関係予算の概要）。

14　日本政府の支持を得て、松浦事務局長は「文化財の不法取引禁止条約を批准しない国も多数あるので、これらの国々にも強制的な措置をとってもらうため安保理の決議が必要だと提唱したところ、米英提案の安保理決議の中に、イラクから盗まれた文化財を返還することを義務づける条項が入りました。ユネスコとしてはインターポールなどと協力して、これらの文化財の発見に努めています」と述べている（松浦晃一郎『ユネスコ事務局長奮闘記』、講談社、２００４年、２４７頁）。

15　松浦晃一郎『ユネスコ事務局長奮闘記』、講談社、２００４年、２７４頁。

16　内田孟男「ユネスコの新たな挑戦」、（明石康他編『オーラルヒストリー日本と国連の50年』、ミネルヴァ書房、２００８年、94頁）。

17　筆者は、ユネスコ本部内に「文化財盗難防止委員会（仮称）」の設置を提言したい。この委員会は、安保理の常任理事国と非常任理事国で運営され、盗難・不法売買に対し、迅速な対応をする。国連の安全保障理事会が国際紛争を中止させるために調停や時には国連軍の派遣まで検討するが、この委員会も強制力をともなう措置をとれることが必要である。そのためには委員会内にユネスコ国際警察を設置し、文化財売買のシンジケートの摘発や文化財売買に監視の眼を光らせる必要がある。

しかし、ユネスコ国際警察の人材を簡単に養成することは難しいので、当面は、インターポールに業務委託をし、次の段階で専門官を育てる。予算をユネスコの通常予算でまかなうことは無理があるので、常任理事国が予算の半額を分担し、残額は寄付でまかなう。

18　第4回アフリカ開発会議を2008年5月28日～30日まで、横浜で開催し、アフリカ53カ国の内、40カ国が参加した。3つの主要テーマ、①成長の加速化、②平和の定着、ミレニアム開発の目標を含む、「人間の安全保障の確立」、③環境問題・気候変動問題への取り組みに国際社会の知識・ノウハウ及び資金結集が話し合われた（石田洋子『アフリカに見捨てられる日本』、創生社、2008年、9頁）。

19　平野健一郎監修『戦後日本の国際文化交流』、勁草書房、2005年、9頁。

20　『ユネスコ・アジア文化センター30年史』、ユネスコ・アジア文化センター、2001年。

21　ACCUは、近年、無形文化遺産事業に力を入れており、文化庁の委託事業「無形文化遺産保護のための集団研修」を2008年1月に行い、東京、大阪、京都で開催し、13カ国（バングラデシュ、中国、フィジー、インドネシア、イラン、モンゴル、パキスタン、ペルー、フィリピン、南アフリカ、タイ、ウズベキスタン、ベトナム）から計24名の行政官や研究機関員が参加した（『ACCU news』No.366、ACCU、2008年3月）。

22　田島重雄は、ユネスコ・パリ本部農業教育部長（1967年～1970年）として活躍した。帰国後、ユネスコが関与するアジア教育発展計画にもとづく識字教育の重要性を日本政府に訴え、日本ユネスコ連盟が継続的に活動している「寺子屋運動」（識字教育）の先駆者になった（田島重雄『ビルマ戦の生き残りとして』、連合出版、2011年、200頁）。

23　慶応大学は、ユネスコの持つ多くの教育コンテンツとSOI Asia（アジア13カ国、27大学・研究機関をパートナーとするアジア国際教育協力プロジェクト）の教育ネットワークを相互に活用してより充実したアジア地域の教育環境構築をめざし、2008年6月にユネスコと協定を締結した（慶応キャンパス新聞、2008年7月10日）。

24　青木保は、『「日本文化論」の変容』で、敗戦期から１９８０年代に出版された日本人論を否定的特殊性の認識から肯定的な認識へ変化したことを指摘した（青木保『「日本文化論」の変容』、中央公論社、１９９０年、26～29頁）。

25　南原は「（前略）個人とその自由があればいいというはき違えがある。だからいま申したような批判と反省を経たのち、そこでもういっぺんわれわれの祖国をどう考えるか、われわれ人間と神との対決をどうするか、そのとき、国家や民族の奉仕すべき役割は何かという課題がでてくる。一般に現在の日本における国家意識の希薄化が問題になりますが、国家がわれわれにすべてを命令し義務づけるという形式ではなしに、いままで述べられた理論の過程をへた上で、もう一度祖国を顧み真のモラルや宗教を教えることが必要です。それがなくて、はき違えというか、ゆきすぎるというか、他の極端に走る恐れがある」と述べている（「戦後日本の精神革命」南原繁『南原繁対話　民族と教育』、東京大学出版会、１９６６年、25～26頁）。

26　日本と同様に経済大国のドイツは、移民が全人口の９％を占め、その中でも最大の移民がトルコ系住民である。ドイツ政府は２００５年1月に新移民法を施行し、移民の教育プログラムである統合コースで、ドイツ語学習が強制的に行われるようになった。

日本は、移民受け入れに消極的であるが、いずれ、労働人口の確保のために本格的な移民受け入れを検討する時期が来ると思われる（内藤正典『激動のトルコ―9・11以後のイスラームとヨーロッパ』、明石書店、２００８年、１６２頁）。

27　『「文化交流の平和国家」日本の創造を』、報告書（概要）、２００５年7月。

28　その国の持つ価値観や文化の魅力で相手を惹きつける力、いわゆるソフト・パワーが、国のイメージを高め、外交力の向上と広義の安全保障、海外での邦人の安全性の向上につながるとの認識が高まり、パブリック・ディプロマシーという考えが注目されている（『外交青書』２００５（平成17年）版、２４６頁）。

29　ブラジル等南米系の工場労働者が多い浜松市は、２０１１年度から3カ年計画で「外国人のこどもの不就学ゼロ作戦」を展開している。この「浜松モデル」を全国に普及させるべく、文部省は言葉の壁のために授業についていけない外国籍の子供への支援を強化する方針である（日経新聞夕刊、２０１２年４月27日）。

30 外務省はアニメをつうじた文化外交を考え、アニメ文化大使事業を開始し、「アニメ文化外交の有識者会議」も行われた。櫻井孝信は、２００８年から委員として海外で積極的に講演活動を行い、その意義について「アニメを通して、日本を知り、好きになってくれた、もはやたんなるマニアとは言えない数の若者たちと接していれば、自ずと答えは出ている気がする。

そんな日本を大好きでいてくれる彼らを大切に扱い、世界を平和に導いていく意味でも、『アニメ文化外交』は立派な外交活動だと思うし、日本という国全体にとって意義深いことだと確信している」と述べている（櫻井孝信『アニメ文化外交』、筑摩書房、２００９年、〈ちくま新書〉、１９６頁）。

31 日本語は世界で話されている言語の９番目であり、ドイツ語やフランス語より多くの人に話されている。また、海外の日本語学習者は１９７９年には12万７０００人であったのが、２００６年には２９８万人に増加している（荒川洋平『日本という外国語』、講談社、２００９年、10～12頁）。

32 外務大臣の諮問機関である「海外交流審議会」の提言（２００９年２月）にもとづき、パブリック・ディプロマシーの重要性を指摘するとともに、日本の発信力を一層強化する具体的施策として、外国人に対する日本語教育の拡張、ポップカルチャーをはじめとする現代日本文化の活用が重要としている（『外交青書』、２００９（平成21）年版、１７１頁）。

33 （社）企業メセナ協議会『日本の芸術文化振興について、10の提言』、２００７年。

34 （社）企業メセナ協議会は、10項目にわたる提言を行った。各項目は、１．総合的な芸術文化振興の推進と、芸術基盤の整備を、２．短期的な効率主義よりも、長期的な視野に立った振興策の策定を、３．公益法人による芸術文化を支える、柔軟な法人制度改革を、４．先進諸国並みの寄付の優遇税制の整備を、５．芸術文化振興諸機関の連携と協同を、６．地域の芸術文化振興を強化する施策の立案を、７．マッチング・グラント制度の開発を、８．長期的に文化政策を担う専門家（プログラム・オフィサー）機能の配置を、９．企業による芸術文化の基盤整備に、より一層の理解と参画を、10．経営資源のひとつ、「人」によるメセナを（社団法人企業メセナ協議会『日本の芸術文化振興について、10の提言』報告書、２００７年６月）。

35　コリンヌ・ドゥベーヌ＝フランクフォール『古代中国文明』、創元社、工藤元雄訳、34～37頁。

36　文化庁は、２００７年10月に「歴史文化基本構想」を発表した。文化庁は、歴史文化基本構想の策定にあたっては、地域の歴史文化の特徴を適切に捉える必要がある。

歴史文化とは、文化財とそれに関わるさまざまな要素とが一体となったものである。文化財に関わるさまざまな要素とは、文化財が置かれている自然環境や周囲の景観、文化財を支える人々の活動に加え、文化財を維持・継承するための技術、文化財に関する歴史資料は伝承等である。

文化庁は、２００８年度から３カ年にわたりモデル事業を実施している。また、地方公共団体に対し、速やかな実施ができるように２０１２年２月に、「歴史文化基本構想」策定技術指針を示した（「歴史文化基本構想」策定技術指針）。

37　因みに、かつて、日本では住民が共同作業する時に、講を結成して作業をしていた。

講の始まりは、奈良時代にさかのぼる。当時、貴族たちが行った経典の講讃に始まり、講は平安中期に庶民化し、平安末期には、地域共同体の宗教グループとなった。江戸時代になると信仰的機能を持つもの、社会的機能を持つもの、経済的機能を持つものに分かれた。尚、社会的機能を持つ講としては、地芝居の講、神楽講等がある。

講研究で著名な櫻井徳太郎は、「地域社会に導入されて成立した講は、それはいかなる性格のものであっても、神道的講は申すに及ばず仏教的講でさえも地域社会化される」と指摘している（岡田真美子編『地域をはぐくむネットワーク』、昭和堂、10～11頁、櫻井徳太郎「講集団の研究」、『櫻井徳太郎著作集１』、吉川弘文館、１９８８年、５９２頁）。

38　『人口問題研究』第68巻第1号、国立社会保障・人口問題研究所、２０１２年、90～92頁、１０１頁、１０５頁。表1（出生3仮定とは、高位、中位、低位を意味する）、図1参照。

39　日本は、北から、東京から福岡までの8都市に、同様に、イタリアは北から、トリノからパレルモまでの8都市に人口が集中している。

２００4年の統計によれば、日本の総人口1億２１９６万人の内、8都市に２１３２万人が、イタリアの総人口の内、8都市に７６４万人の人口が集中している（民岡順朗『「絵になる」まちをつくる―イタリアに学ぶ都市再生』、日本放送協会、２００５年、10～14頁）。図2参照。

40　都心部の保存を強化すると、自由主義経済の原則から、建設資本は、規制が緩く、もともと地価の安い都市の郊外部に流れてしまう。ところがイタリアの都市計画は、郊外の開発を禁じたのである。そこで、不動産資本が向かうのは、都市の老朽建造物を修復・再生することで生まれる利益になった（同上、１４０～１４１頁）。

41　国土交通省は、前身の建設省のように、必ずしも都市再開発を支援する立場ではなく、都市の修復保全に理解を示している。因みに、鎌倉の世界遺産登録をめざして、文化庁と連携しており、また、鎌倉の町並保全に積極的に取り組んでいる（国土交通省『第14回都市計画部会及び第17回歴史的風土部会合同会』議事録、２０１１年9月）。

42　文京ふるさと歴史館「坂道ぶんきょう展」図録、２０１１年11月、表2（文京区内に所在する主な大名屋敷庭園を活かした緑地）参照。

参考文献

1．著作

青木　保『「日本文化論」の変容』、中央公論社、１９９０年

明石　康他編『オーラルヒストリー日本と国連の50年』、ミネルヴァ書房、２００８年

荒川　洋平『日本語という外国語』、講談社、２００９年
石田　洋子『アフリカに見捨てられる日本』、創生社、２００８年
岡田　真美子編『地域をはぐくむネットワーク』、昭和堂、２００６年
北岡　伸一『国連の政治力学』、中央公論新社、２００７年、〈中公新書〉
コリンヌ＝フランクフォール『古代中国文明―長江文明と黄河文明の起源を求めて』、工藤元雄訳、創元社、１９９９年、〈「知の発見」双書〉
櫻井　孝信『アニメ文化外交』、筑摩書房、２００９年、〈ちくま新書〉
櫻井　徳太郎『櫻井徳太郎著作集１』、吉川弘文館、１９８８年
田島　重雄『ビルマ戦の生き残りとして』、連合出版、２０１１年
民岡　順朗『「絵になる」まちをつくる』、日本放送協会、２００５年
内藤　正典『激動のトルコ―９・11以後のイスラームとヨーロッパ』、明石書店、２００８年
南原　繁『南原繁対話　民族と教育』、東大出版会、１９６６年
平野　健一郎監修『戦後日本の国際文化交流』、勁草書房、２００５年

２．紀要／学術論文／報告書／事典

青山学院大学国際交流共同センター編『平和の為の文化イニシアティブの役割【中間報告】』２００９年
外務省『「文化交流の平和国家」日本の創造を』報告書（概要）、２００５年
外務省『外交青書』、２００５（平成17）年版、２００９（平成21）年版
国土交通省『第14回都市計画部会及び第17回歴史的風土部会合同会』議事録、２０１１年９月
社団法人企業メセナ協議会『日本の芸術文化振興について10の提言』報告書、２００７年６月

文化庁文化財部監修『文化財保護関係法令集』、ぎょうせい、２００６（平成18）年
文化庁「歴史文化基本構想」策定技術指針、２０１２（平成24）年
『ユニドロワ国際商事契約原則』ＮＢＬ７５４号、曽根和明・廣瀬久和・内田貴・曽野裕夫訳、２００３年
『ユネスコ・アジア文化センター30年史』、ユネスコ・アジア文化センター、２００１年
UNESCO,"Approved Programme and Budget for 2000-2001"

３．雑誌／新聞
『ＡＣＣＵ ｎｅｗｓ』№３６６、ＡＣＣＵ、２００８年３月
慶応キャンパス新聞、２００８年７月10日
国際交流基金『国際交流』１０３号、２００４年４月
日本経済新聞夕刊、２０１２年４月27日
文京ふるさと歴史館「坂道ぶんきょう展」図録、２０１１年10月

まとめ

国際関係を論じる場合は、軍事力や経済力等のハード・パワーに焦点を置いた議論が多い。近年、国際関係を円滑するためにハード・パワーとソフト・パワーを組み合わせるか、むしろソフト・パワーを前面に出す方が効果があるとさえいわれるようになった。

本論文では、「明治以降、日本の文化外交は誰によって提唱され、いつ頃、その概念が成立したのか」、「文化外交は、明治以降、現在まで、どのように変容しつつ、継続されているのか」の点に注目し、ソフト・パワー重視の観点に立って文化外交を行うことが、日本の国益に合致し、同時に国際公益に寄与するという仮説をたてた。

まず、日本の文化外交を考えるためには、明治維新以降の文化交流の歴史的経緯を知る必要があるが、日本の近代化を達成するために、政府は旧幕府から引き継いだキリスト教禁教政策を改め、欧米で学んだキリスト教信者の知識人に活躍の場を与えた。本論では、中でも、森有礼、新島襄、新渡戸稲造等に焦点を当てて業績を検証したが、また、後の第二次世界大戦後における教育改革においても、キリスト教に関心が深いGHQのマッカーサー司令官とキリスト教知識人の影響が大きかったことは看過できない。

日本は、第二次世界大戦の敗戦で国際関係が途絶したものの、新渡戸稲造につながる系譜の人々が民主化された日本で国家における文化の役割を強調し、日本のユネスコ加盟への道筋をつけた。

第二次世界大戦後の日本のユネスコ加盟は、日本の国際社会復帰の足がかりになった。ユネスコ憲章の前文冒頭の「戦争は人の心の中で生まれるものであるから、人の心の中に平和の砦を築かなければならない」という考え方は、このの ち日本の外交姿勢になったのであり、日本の戦後外交の底流にはユネスコ精神を遵守する思想が流れているといえよう。

日本は第二次世界大戦後、めざましい経済成長をとげ、経済大国としての地位を築くことができた。しかし、国際社会で発言権を維持できたのは、日本が経済大国という理由のみではない。常に平和を希求し、ユネスコを中心とする文化交流に積極的に参画することが、日本の国際社会での地位を引き上げる一助になったからで、ここに文化外交の重要性が明らかにされたのである。

日本外交の有力な方策は文化外交であり、文化外交は人間の安全保障政策を遂行することで平和構築に寄与することになる。本論では、アジアを対象にした平和構築の方法論としてアジアへの理解に対する道筋と文化協力を取り上げた。

我が国のアジアに対する理解の歴史を見ると、明治維新以降、脱亜入欧による日本の近代化に反発する形でアジア主義を強調する傾向があり、その典型は第二次世界大戦中に日本がアジアで主導権を握る大東亜共栄圏構想として示された。

日本が第二次世界大戦後に外交に復帰したのは、1955年のバンドン会議を契機に、アジアを中心に2国間外交に力を入れるようになった時からであり、そこでは対等な外交関係を締結することが前提となった。日中関係では、むしろ中国側が文化交流に熱心であり、経済交流・文化交流を継続し、日中国交回復に風穴をあけた。その後、中国の愛国教育によって日中双方の国民に不信感がめばえた。しかし、長期的な視野に立ち、文化交流を続けていけば、日中間の信頼の醸成につながることは間違いないであろう。

文化協力に関しては、カンボジアにおいて文化協力をきっかけにカンボジア和平に日本が主導的な役割を果たした実例を取り上げた。

日本が文化外交を積極的に展開するためには、欧米や中国の対外文化政策と比較する必要がある。そこで、国際交流基金を中心にして、ドイツ、フランス、イギリス、中国の対外文化政策を検証した。ただしアメリカは、国家規模が巨大であり、文化事業は積極的に行われているものの、むしろ民間の財団の活動が主導的な役割を果たしているので、本研究では比較の対象からはずした。

日本は、国際文化振興会時代からの文化政策の歴史を加味すると、文化政策に関し豊富な知見を有しており、これらの国々と比較すると予算規模では少額であるが、財源を集中配分することで効果をあげることが期待される。その対象として日本語教育の普及が考えられる。

また将来は、ドイツ、フランス、イギリスの文化機関が世界各国で展開する語学学校を模範に、国際交流基金が後援して日本語学校を運営することも視野にいれるべきであろう。

さらに、日本語に多くの人が関心を深めるために、日本政府は日本で良質なアニメ・コンテンツが制作されることを奨励し、助成することで日本のソフト・パワーの強化の手段として十分に活用すべきであろう。

また、ソフト・パワーが浸透する国際環境の整備が必要であり、文化外交に縁の深い国連機関であるユネスコが国際社会で存在感がなければならない。その上で、国内では、ユネスコ・アジア文化センター（ACCU）の活動を広く知らしめることが重要であろう。

文化外交に関わる議論は、日本政府や学会に留めるのではなく、国民の多くが参加する場を設けることで、文化外交への理解を深める必要がある。因みに、企業メセナ協議会が提言したように文化外交を促進するために文化省を設立することも考えられる。

すでに述べたように、日本が国家目標を経済大国から文化大国へ切り替えるためには、教育研究体制の充実と環境整備が不可欠であるから、日本が急激な高齢化社会に向い、環境が激変していることを国民が認識し、積極的に文化の問題に取り組むことが求められる。

ＧＤＰの減少による国家予算の縮小にともない、防衛、外交、福祉への予算配分が高まっても、防衛・外交の効率性を求めてハード・パワーに重点を置いた転換は、日本が議院内閣制で、かつ国民が平和志向であることから実現は難しかろう。

したがって、必然的に限られた文化予算の有効活用こそ唯一の活路なのであり、すでに文化庁は２００７年に、こうした人口構成や経済的環境の激変に対応して、２００７年に、各地方公共団体が文化財をその周辺環境を含めて総合的に保存・活用する「歴史文化基本構想」を提唱している。

文化庁は、この構想の実現には、地方公共団体のみならず地域住民の参加が不可欠と考えているが、住民、とりわけ、地域に愛着と知見を有する高齢者の参加の機会を増やすためには、さまざまな工夫を要するであろう。

また、この構想を推進するためには、日本を過疎と過密の地域に両極化しないようにすることが前提となるため、日本と類似点が多いイタリアを参考にして、人口集積の多い日本の8主要都市の大都市再開発に、政府がブレーキをかけることも必要になろう。

すなわち、日本においては、主たる文化事業の民間主導化をさらに促進する環境を強化することで、国家は文化予算を対外文化政策のために積極的に執行できる下地が歴史的に存在しているのであり、少子高齢化を理由に、文化予算を安易に削るべきではない。

換言すれば、日本は、国民が地域社会と密接に関わり、文化政策を再構築することで、文化外交に推進力をつけ、自他ともに認める文化大国になることができると考えられるのである。

表1　出生３仮定（死亡中位）推計結果

総人口　年齢３区分（0～14歳、15～64歳、65歳以上）別人口及び年齢構造係数：出生中位（死亡中位）推計

年　次	人口（1,000 人単位）				割合（%）		
	総数	0~14 歳	15~64 歳	65 歳以上	0~14 歳	15~64 歳	65 歳以上
平成 22(2010)	128,057	16,839	81,735	29,484	13.1	63.8	23.0
27（2015）	126,597	15,827	76,818	33,952	12.5	60.7	26.8
32（2020）	124,100	14,568	73,408	36,124	11.7	59.2	29.1
37（2025）	120,659	13,240	70,845	36,573	11.0	58.7	30.3
42（2030）	116,618	12,039	67,730	36,849	10.3	58.1	31.6
47（2035）	112,124	11,287	63,430	37,407	10.1	56.6	33.4
52（2040）	107,276	10,732	57,866	38,678	10.0	53.9	36.1
57（2045）	102,210	10,116	53,531	38,564	9.9	52.4	37.7
62（2050）	97,076	9,387	50,013	37,676	9.7	51.5	38.8
67（2065）	91,933	8,614	47,063	36,257	9.4	51.2	39.4
72（2070）	86,737	7,912	44,183	34,642	9.1	50.9	39.9

出典　『人口問題研究』第68巻第1号、2012年

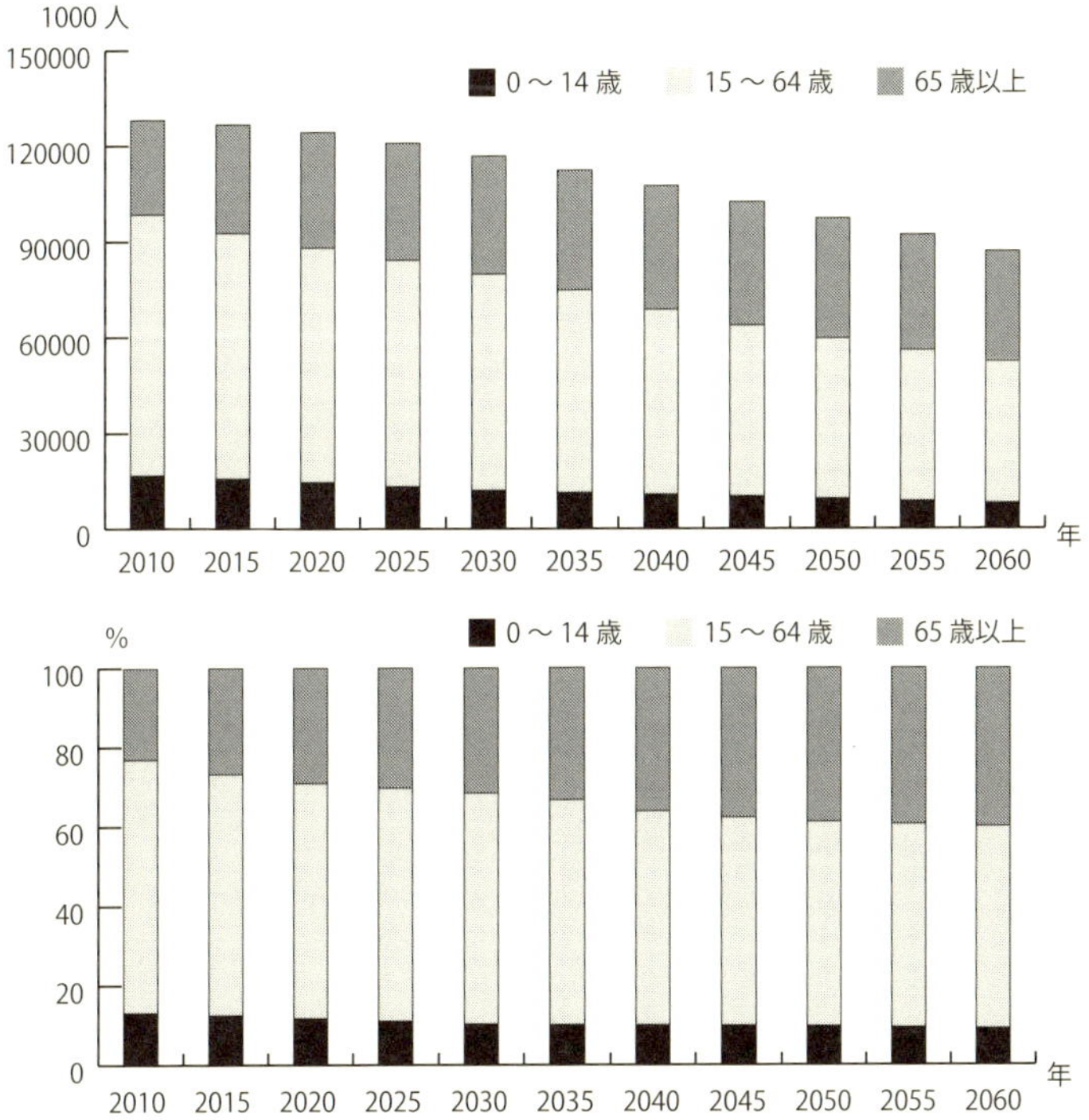

出典　出生仮定（死亡中位）推計結果より筆者作成

図1　出生３仮定（死亡中位）推計結果グラフ

出典　民岡順朗『「絵になる」まちをつくる』より筆者作成

図2　等縮尺でみたイタリアと日本の主要都市分布状況

表2　文京区内に所在する主な大名庭園を活かした緑地

庭園等名称	大名屋敷屋敷名	所在地
小石川後楽園	水戸徳川家上屋敷	文京区後楽
小石川植物園	徳川綱吉（館林）別邸	文京区白山
新江戸川公園	熊本・細川家下屋敷	文京区目白台
占春園	守山藩上屋敷	文京区大塚
須藤公園	大聖寺藩松平家屋敷	文京区千駄木
椿山荘	久留里藩黒田家下屋敷	文京区関口
六義園	柳沢家下屋敷	文京区駒込

出典　文京区ホームページ

表3　文化交流年表（文化政策、文化事業、国際交流）

1865年	3月	五榜の表示（キリスト教禁教）。
1865年	3月	森有礼がイギリス留学（薩摩藩留学生）。
1869年	10月	第二次浦上キリシタン流配。
1871年	12月	岩倉使節団が欧米渡航（森はアメリカ駐在少弁務使）。
1873年	9月	同上、5人の女子留学生を引率。
1873年	2月	キリスト教禁制高札の除去を決定。
1874年	4月	森有礼が帰国後、『明六雑誌』刊行。
1875年	1月	学齢を満6歳から満14歳までと定める。
1875年	7月	伊沢修二が西洋音楽習得のため、アメリカ留学。
1877年	4月	新島襄が京都に同志社女学校創立。
1878年	1月	日本人キリスト教信徒たちが自力で大阪に梅花女学校創立。
1881年	10月	伊澤修二が音楽取調所掛長就任。
1882年	3月	上野博物館（後の東京帝室博物館）開館。
1882年	3月	瓜生繁子（元女子留学生）が音楽取調所ピアノ教師就任。
1884年	9月	新渡戸稲造がアメリカ留学。
1885年	12月	森有礼が初代文部大臣就任。
1887年	4月	首相官邸で大仮装舞踏会を開催。
1890年	3月	女子高等師範学校設立。
1898年	3月	東京美術学校校長岡倉天心を免職。
1899年	4月	幸田延が第一回音楽留学生としてアメリカ留学。
1900年		新渡戸稲造が英文で『武士道』を発表。
1901年	4月	成瀬仁蔵が日本女子大学校を設立。
1904年		岡倉天心が英文で『茶の本』を発表。
1909年	9月	幸田延、東京音楽学校教授を休職し、ヨーロッパ留学。
1916年	4月	朝鮮に専門学校（京城専修学校、京城医学専門学校）設置。
1920年	1月	新渡戸稲造が国際連盟事務局次長に就任。
1922年	1月	ユネスコの前身である国際知的交流委員会を創設。
1924年	4月	柳宗悦が浅川巧と京城に朝鮮民族美術館を設立。
1925年	7月	東京府芝浦の東京放送局（ＪＯＡＫ）、ラジオ放送開始。
1934年	4月	国際文化振興会を設立。
1934年	9月	日本語普及に関する協議会が以後4回開催。
1938年～41年		前田多門がニューヨークの日本文化館長として活動。
1942年	10月	「近代の超克」をテーマに、13人の知識人が討論。
1945年	8月	日本は連合国に無条件降伏。
1945年	8月	堀田善衛は上海（国際文化振興会）で終戦。
1945年	10月	前田多門が東久邇内閣の文部大臣に就任。
1945年	11月	ユネスコ設立。

1946年　3月　アメリカ教育使節団が来日。
1947年　3月　教育基本法を施行。
1951年　6月　日本がユネスコに加盟。
1952年　8月　松本重治が国際文化会館を設立。
1955年　4月　バンドン（インドネシア）でアジア・アフリカ会議を開催。
1956年　12月　日本が国際連合に加盟。
1956年　12月　堀田善衛は第一回アジア・アフリカ作家会議に出席。
1962年　4月　国際親善都市連盟（財・自治体協会の前身）を発足。
1964年　10月　第十八回オリンピック東京大会開催。
1968年　6月　文化庁（文部省文化局と文化財保護委員会が統合）を発足。
1971年　3月　㈶ユネスコ・アジア文化センター（ACCU）を設立。
1972年　10月　国際交流基金を設立。
1974年　5月　日本アジア・アフリカ作家会議が結成され、堀田善衛が事務局長就任。
1975年　ボロブドゥール遺跡修復事業がユネスコの支援で開始。
1979年　12月　大平内学が日中文化交流協定に調印。
1984年　4月　上智大学アジア文化研究所内に遺跡研究会が誕生。
1987年　10月　マイヨールが第七代ユネスコ事務局長に就任。
1987年　12月　自治体国際化協会はJETプログラムを開始。
1988年　ユネスコが「世界文化発展十年計画」を立案。
1989年　3月　上智大学を中心にカンボジア遺跡保存に積極的に関与開始。
1989年　7月　国際交流基金内に日本語国際センターを設置。
1990年　6月　カンボジア和平のための東京会議開催。
1991年　ACCUは識字教育アニメを作成開始。
1992年10月～93年8月　ユネスコがアンコール遺跡調査報告書を作成。
1994年　11月　クラクフ（ポーランド）に日本美術・技術センターを設立。
1999年　11月　松浦晃一郎が第八代ユネスコ事務局長に就任。
2000年　9月　小渕首相が国連のミレニアム・サミットで「人間の安全保障」を提言。
2003年　10月　ユネスコで無形文化遺産条約を採択。
2005年　外交青書に初めて文化外交の文言を明記。
2007年　11月　シハヌーク・イオン博物館をシェムリアップ（カンボジア）に開館。
2008年　2月　第四回アフリカ開発会議で第一回「野口英世章」を授与。
2010年　7月　近藤誠一（元・ユネスコ大使）が文化庁長官に就任。

あとがき

本書は、平成25年3月に杏林大学大学院国際協力研究科より授与された学位論文「日本の文化外交の将来戦略」をもとにまとめたものである。

学位論文の審査にあたっていただいた、阿久澤利明、松田和晃、友松篤信先生に心から感謝を申し上げたい。特に阿久澤先生には、ご多忙のところ、主査をお願いし、大変感謝している。

松田先生には、博士課程、研究生を含め、長年にわたり辛抱強く、論文指導をしていただき、博士論文が完成したことに深く感謝している。

また、友松先生には、宇都宮大学大学院修士課程で、国際協力のイロハから教えていただき、これが、研究の基礎になり、大変感謝している。

さらに、大学時代のゼミの指導教授であった小田英郎先生には、長年公私にわたりお世話になり、また、学会入会の推薦人になっていただき、学会の最新の研究動向を知ることができて、誠に感謝している。

さて、私は母方の祖父母宅に同居したことで、祖母より昔話を聞いて育ったが、大阪の梅花学園創立130周年記念事業の一環として、初代校主である曾祖父・小泉敦（祖母の父）に関する聞き取り調査に、私が応じたことが、明治の近代化と教育の関係を研究するきっかけとなった。

そこで、最後に、学芸員資格を持ち、文化交流に関心を持つ私に、大学院進学を勧めて下さった桂井宏一郎先生、そして、私の学位論文の執筆に当たり、松田研究室の先輩として、御助言と励ましをいただいた樋口圀彦様、半田英俊先生に心より御礼を申し上げたい。

そして、本書を本書の出版を心待ちにしていて、私の心の支えとなっている子供の祐美と孝太に捧げたい。

著者略歴

高橋　豊（たかはし　ゆたか）　1950年東京生まれ

NPO 法人　小石川後楽園庭園保存会・理事、玉川大学キュレーターズ会員。

慶応義塾大学法学部政治学科卒、総合商社に勤務、48歳で早期退職。

宇都宮大学大学院国際学研究科修了、杏林大学大学院国際協力研究科博士後期課程単位取得退学、博士（学術）。

【主な著書】

友松篤信・桂井宏一郎編著『実践ガイド　国際協力論』　古今書院、2010年、第8章「文化協力」分担執筆

日本の近代化を支えた文化外交の軌跡
——脱亜入欧からクール・ジャパンまで

2015年12月5日　初版第1刷発行

著　者　高橋　豊
発行者　石井昭男
発行所　福村出版株式会社
〒113－0034
東京都文京区湯島2－14－11
TEL 03－5812－9702
FAX 03－5812－9705
http://www.fukumura.co.jp
印　刷　株式会社文化カラー印刷
製　本　本間製本株式会社

ISBN978-4-571-41058-1　C3036　Printed in Japan
落丁・乱丁本はお取り替えいたします。
◎定価はカバーに表示してあります。